시에세이 035

반송역사

우병기 지음 · 우병은 편저

시에세이 **035**

반송역사

초판 1쇄 인쇄 | 2025년 05월 25일
초판 1쇄 발행 | 2025년 05월 31일

지음 우병기
편저 도빌 우병은
펴낸이 문정영
펴낸곳 시산맥사
편집주간 김필영
편집위원 신정민 최연수
등록번호 제300-2013-12호
등록일자 2009년 4월 15일
주소 03131 서울특별시 종로구 율곡로 6길 36. 월드오피스텔 1102호
전화 02-764-8722, 010-8894-8722
전자우편 poemmtss@hanmail.net
시산맥카페 http://cafe.daum.net/poemmtss

ISBN 979-11-6243-581-6 (03810) 종이책
ISBN 979-11-6243-582-3 (05810) 전자책

값 12,000원

* 이 책은 전부 또는 일부 내용을 재사용하려면 반드시 저작권자와 시산맥사의 동의를 받아야 합니다.
* 이 책은 교보문고와 연계하여 전자북으로 발간되었습니다.
* 본문 페이지에서 한 연이 첫 번째 행에서 시작될 때에는 〈 표기를 합니다.
* 저자의 의도에 따라 작품의 보조 동사와 합성 명사는 띄어쓰기가 달라질 수 있습니다.

우병기 에세이

반송역사

우병기 지음 · 우병은 편저

■ 편저자의 말

 아빠 엄마 따라 멀리 지구 끝 브라질로 이민 간 어린 조카들이 성장해서 뿌리가 어디였는지 궁금해할까. 나의 셋째 형님이 대학노트에 손 글씨로 써준 고향 반송역사에 대해서 38년이 지나 읽다가 이 귀한 사료를 나 혼자만 갖고 있어서는 안 되겠다 싶어 편집을 하는데 불과 3일 만에 브라질서 미국에서도 함께했던 동갑 친구가 별세했다. 나도 책이 나오기 전 건강이 많이 약해진 내가 살아 있으려나 두려웠다. 내가 캐나다에 갔다 온 지 10년도 넘었는데 오랜만에 책장을 정리하다가 미장 카바가 있어 이건 무슨 책인가 열어 보니 캐나다에서 사 온 Maple Cookie였다. 한국 사람들이 떡처럼 먹는 Maple Cookie를 책으로 알고 10년 넘도록 책장에 보관했다가 찾아 먹는 희열을 뭐라고 표현할까? 그것처럼 형님이 공책에 남긴 세상에 단 하나밖에 없는 반송 역사책을 보고 기쁨에 차서 읽다가 나 혼자만 읽어서는 안 되는 귀한 사료라서 널리 알리고자 내 임의대로 줄이기도 하고 늘려 가면서 또 나의 견해를 (주:)라고 표시하고 사료를 찾고 과거를 더듬으면서 썼다. 1968년 1월 21일 사태 주범 김신조가 나보다 1살 많은 83세로 4월 9일 별세했다고 신문에 났다. 그래서 어서 편집해서 책을 내 약 275년 전 조선 21대 영조 때 금성골에 들어와 정착하신 7대조 할배의 후손들에게 배포하려 한다. 고향 반송과 관련 되신 분들은 누구나 읽어 소중한 사료가 됐으면 바라기도 하지만 누군가 더 좋은 자료가 있으면 더 좋은 역사책이 나오길 기대한다. 또한 반송 이야기를 하는데 우리 가족 이야기가 많이 나오는데 반송 모두의 가족 이야기 중 하나라고 생각하고서 읽어주시길 바라 마지않는다.

우병기
(편저자 우병은의 셋째 형님)

지은이 우병기

편저자 우병은

■ 차례

편저자의 말 _ 4

반송 이야기	9
가족 내력	25
격동기	35
할매 돌아가신 이야기	38
보부상이셨던 할배	42
아부지	45
형님 이야기	52
누님과 여동생	56
논밭 물려받음	60
공부하는 것	64
부모님	68
서하 혜리의 가계도	72
반송의 이것저것	76
택호	82
길지 웃마	84

부록

가을비	89
은둔산 단풍	90
기러기는 지금도 거기서 우는가	92
쉼 없는 고향 소리	94
불구자의 사랑	95
멧비둘기	96
소쩍새	97
번데기 추억	98
이승만 박사 헐뜯기	100
사랑하는 민하야	104
김 나라 대한민국	106
담장	109

반송 이야기

・・・

이민 간 조카 서하와 질녀 혜리에게 반송 이야기를 쓴다.

이민 간 지 어언 10년이 넘어, 서하는 열다섯 살이나 그쯤 되고 혜리는 열셋이나 그쯤 됐다. 나는 셋째 큰아부지 병기(1937년 6월 8일생 2015년 별세)이다.

너희들은 이 겨울에 저 멀고 먼 브라질에서 와 약 한 달쯤 있다가 또 그곳으로 갈 예정이다.(1986년 12월 27일인가? 도착, 1987년 1월 29일 출국 예정) 오늘은 1월 20일이다.

너희들의 아버지는 병은이고 우리 9남매 5형제 중 막내이다. 너희들의 어메는 정 목사님의 따님이다.

조상들이 대대로 살아온 동네 이름이 반송이고 그곳에 아직 너희들은 한 번도 가본 적이 없다.

주: 서하는 이민 가기 전 두 번 다녀왔고, 혜리는 한 번 다녀왔다.

우리 일가친척들이 많이 산다. 처음 보는 사람들도 형님, 아저씨, 할배, 조카가 된다. 조그마한 동네(경북 봉화군 상운면 가곡2리 반송)이다.

반송 우씨의 내력은 옛날 중국에서 물을 잘 다스린 임금 하우씨의 후손이 우씨인데 고려에 건너와 단양에 터잡은 시조가 우현(서하의 31대조 할배)이고 반송에 입향하신 24대손 윤창 할배는 네 8대조 할배이시다. 서하의 24대조 우탁 할배는 한국 최초로 한국말 시조 「탄로가」를 지으셨다. 그 시조를 옮겨 본다.

탄로가

춘산에 눈 녹인 바람 건듯 불어 간데없다
적은 듯 빌어다가 머리 위에 뿌리고저
귀밑에 해묵은 서리를 녹여 볼까 하노라

한 손에 가시 들고 또 한 손에 막대 들고
늙는 길 가시로 막고 오는 백발 막대로 치랴트니
백발이 제 몬저 알고 지름길로 오더라

이런 멋진 시를 지으신 탁(서하의 24대조) 할배가 충북 단양 사인암에서 시부를 읊으며 노니셨다.

사인암

최인호 씨의 장편소설 『상도』의 글을 입력해 놓은 NAVER https://blog.naver.com 글을 인용하면

"요즘도 단양 우씨와 봉화 정씨는 결혼하지 않습니다"라는 말이 있다. 단양 우씨를 대표하는 우탁(최초의 우리 말 시조 「탄로가」의 저자)과 봉화 정씨를 대표하는 정도전의 악연 때문에 유래된 듯하다.

봉화에 사는 정운경이 과거 보러 단양을 지나다 비를 피해 원두막에 갔다가 마침 그곳에 있던 계집종을 건드렸는데 여기서 태어난 아이가 정도전이었다.

우탁이 죽는 해에 태어난 정도전은 우탁 손자 우현보(이색과 함께 고려를 끝까지 지키려 한 문신)와 정치적 대립 관계에 있었고 조선 개국 후 우씨 집안 남자들은 정도전에 의해 유배를 당하거나 매맞아 죽는다. 이런 사실을 알고 보면 우탁이 노닐었다는 사인암(단양팔경)이나 정도전의 호 삼봉과 관계가 있다는 도담삼봉이 훨씬 의미 있게 보일 것이다.

위의 글은 인용문.
작가 최인호 씨의 장편소설 상도를 다 읽지 못했지만 "봉화 정씨와 단양 우씨가 결혼하지 않는다"라는 말을 봉화읍 해저리에 있는 만회 고택 종손인 김시현 씨가 face book으로 나(병은)에게 알려 주셨다.

주: 최근 통계청에서 발표한 자료에 의하면 단양 우씨는 19만 명이 조금 넘고 봉화 정씨는 2만 3천 명 조금 넘는다.

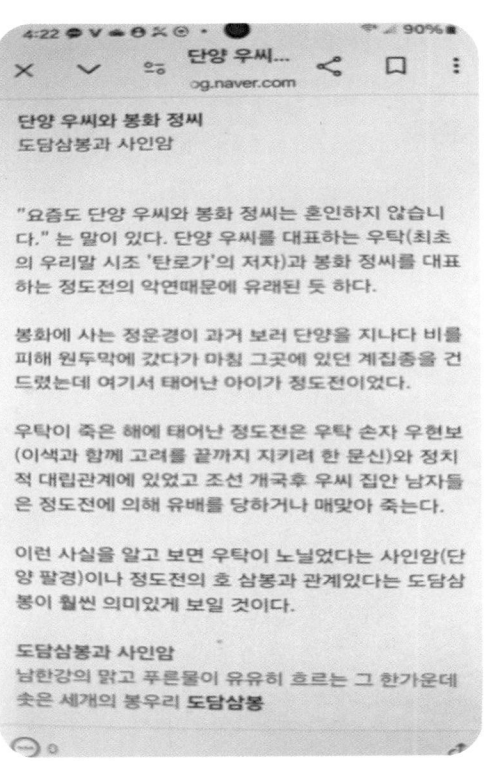

　　이야기하려면 모두가 이야기고 그저 "반송이 무엇이냐?"면 그저 '반송은 반송이다'가 된다. 아무렇지도 않은 일, 아무렇지도 않은 것들이 다 너희들의 조상 →아부지(병은)의 일들이다. 돌 하나, 풀 하나, 산, 개울, 논과 밭 그곳에 비치는 햇볕도 다른 곳에 있는 것과는 관심이 다르게 된다. 그런 걸 이야기로 쓴다면 한이 없겠다. 어떤 이야기로 쓸까!

주: 1960년도쯤에 먼 친척이 되시는 우병학 장로님께서 하시는 말씀에 우리 7대조 윤창 할배가 반송에 처음 들어오셔서 살았다고 하셨다. 1대를 30년 잡고 7대면 210년 전, 이 책을 발간하는 2025년을 기점으로 하면 275년 전. 조선 제21대 영조.

그저 생각나는 대로 쓸 수밖에 없다. 더러는 내가 정확하지 못하고, 더러는 내가 틀리게 알고 있는 것도 있을 것이다. 반송을 옛날에 짐성골이라 하였다. 한 백(100)년 전쯤 반송이라 한 것 같다. 할배(84세, 운동 어른, 서하할배) 어릴 때 다른 동네 사람들은 '반송'이라 하면 잘 모르고 짐성골이라 해야 알았단다.

주: 1968년도에 창덕궁에서 있었던 봉화 향우회에서 자기소개를 하는데 "반송서 온 우병은입니다" 했는데 멀리 춘양서 오신 신사 양반이 "반송서 오셨습니까?" 하고 관심 있게 물으셨다. 아마 일제 말엽에 반송 고구마와 반송에 복숭아가 많이 나서 '반송'이 알려졌나 보다.

주: 또 당숙님들 우봉구 씨와 우학구 씨가 영남의 명문 경북중학교에 가서 반송이 알려졌는지도 모른다. 내(병은)가 봉화중학 1학년 때 우옥자 씨가 이화여고

에 합격, 반송은 아니지만 우성구 씨가 어느 명문 학교 합격이라는 방이 교내 게시판에 붙어 "와! 우씨들이 판치네"라고 하면서 반송 우씨가 널리 알려졌다.

반송은 한자로 반반 자에 솔송 자를 써서 쟁반 같은 소나무라고 하는데 혹자는 바위반 자에 솔송 자를 쓰지만 현재 쓰고 있는 반송은 반반 자다. 바위반 자가 아니다. 우리집과 서답(빨래) 바위 사이에 느티나무와 소나무가 있었는데 소나무가 반송 같다 해서 동네 이름을 지은 것이다. 그 소나무를 서하의 증조할배(도개 어른 1961년 7월 80세로 돌아가심)는 보셨고 할배는 나무를 벤 그루터기를 보셨다. 나무가 무척 컸던 모양이다. 몇 사람이 앉을만했단다.
짐성골이라 옛적에 산짐승 들짐승이 많았을까?

주: 한양에도 호랭이가 많아 남산에 소나무를 베어 냈다고 한다. 호랭이가 많았다는 것은 그만큼 하급 짐승이 많았다는 것이다.

금이 나는 골이라고 금생, 금생골이라고도 하고. 나는 또 생각해 보기를 옛날에 임금님에게 바치는 것을 진상이라고 하였는데 그곳에서 무슨 진상품이 났던가 아니면 진상과 관계되는 어떤 일이 있어서 진상골이

되었는가? 또는 그곳에 가면 뱀제에서 등성을 타고 쭉 내려오면 아랫마을이 있는데 그 등성 끝을 지금도 진등끝이라 한다. 긴등성골→진성골→짐성골로 되었는가? 라고 생각해 본다.

  우리집 앞에 조산나무(제사 지내는 나무)라고 하는 큰 느티나무(괴목)가 서 있었는데 그곳이 소나무가 서 있었던 곳이다. 소나무는 베어 내고 느티나무는 베어 내지 않아서 나도 봤다.

  현재 반송교회 목사관 자리에 조산나무 느티나무가 있었고 반송 소나무가 있었다고 한다.

  내가 8살 땐가 또는 7살 때 베었다. 무척 큰 나무였다. 브라질이나 또는 더운 지방에 가면 나무도 아주 큰 것이 흔히 있겠지만, 우리나라 기후에서는 그만큼 큰 나무는 흔하지 않았다. 내가 무슨 큰 나무를 찾아다녀 보지 않았으나 그냥 살아오면서 본 나무로는 그만큼 큰 나무를 보지 못했다.

  왜 나무 이름이 조산나무인지 모르겠다.

  조산(제사)나무에 대해서 쓰면 여름에 사람들이 그 나무 밑에 와서 쉬기도 하고 낮잠도 자고, 단오절이 되면 군디(그네)를 이 가지 저 가지에 몇 개 매고, 누가 하늘 높이 올라 가나 시합하며 뛰며 놀았다. 짚으로 세

사람 이상이 굵다란 새끼를 꼬아서 군디줄(그네줄)을 만든다. 거기서 씨름하는 것도 봤다. 가을에 잎이 떨어지면 우리집에서 그 앞을 꽉지로 끌어다가 불을 때는 땔나무로 하기도 했다. 오래된 고목이다. 나뭇가지는 썩어서 구멍이 있었다. 그 구멍에 새가 집을 짓고 새끼를 까면 뱀이 그 새끼를 잡아먹느라고 나무 위에서 이곳저곳을 기어다니니 밑에서 보면 뱀은 하얀색으로 보였다. 현재 마을회관 자리에 있었던 옛 반송교회 마당 큰 수양버드나무에 그네를 맸다.

  어느 때인지 모르나 동네 어떤 집에서 그 나무에 무슨 제사인지 무엇을 비느라고 밤에 불을 켜놓고 있었는데 나보다 나이를 더 먹은 사람(누구인지 모르나 열몇 살 되었겠지)이 떡을 주워 먹으려고 자지 않고 기다리고 있었는데 나는 그만 자고 말았으니 그 떡이 얼마나 컸는지 모르겠다. 그런데 우리집은 예수를 믿는 기독교 신자였지만 그는 예수 믿기 전이었겠다. 큰 증조할배(용동할배, 사회상 이름은 우규진, 족보책에 이름은 우제진, 외국에서 자란 아이들이 함자를 모르니 이름이라 했음)는 뒤뜰이란 마을에서 한문을 가르치시다가 안동에서 온 제자 김 씨에게 전도 받아 문촌교회에 나가 신앙생활을 시작하셨다고 한다.)

  주: 너희들 할배가 15살이었던 1919년 12월 25일 크리

스마스 날 성탄 축하 예배로 큰증조할배(용동할배)를 따라 문촌교회에 가서 감화받아 예수 믿었고 고조할배가 돌아가셔서 영주군 평은면 내매 강 씨들이 와서 기독교식 장례를 치러 주셔서 증조할배 형제들이 일제히 예수님을 영접했다고 한다.

아마 한 70년(1987년 기준) 전쯤 집집마다 쌀을 얼마씩 (아마 한 그릇 정도) 모아서 떡을 해서 그 나무에 제사인지, 하여튼 복을 달라고 빌었다고 한다. 그리고 이름을 종이에다 써서 불을 붙였나 어쨌나 해서는 자꾸 입으로 불고 손으로 쳐올리고 높게 날게 하였단다. 아마 그때가 새해 초였을 것이다. 이렇게 신으로 모시는 나무에 가지 하나가 다니는 길 위에 낮게 떠 지게를 지고 지나다가 걸려 다리를 굽혀야 하고 허리를 숙여야 해서 둘째 큰할배가 그 가지를 베어 냈더니 웃마 제사 지내는 사람들이 조산나무에 가지 잘랐다고 수군수군했다고 한다.

나(병기)는 어려서 내 기억에는 없으나 이야기를 들어 보면 그 나무 밑에는 여름에 모기도 파리도 없었고 개미도 없었단다. 그렇게 서늘했을까? 아니면 그 나무에서 우러나오는 어떤 냄새가 그런 곤충이 싫어했을까?

내가 아홉 살 적에 해방(1945. 8. 15일, 일본이 세계 제2차대전에서 항복)이 됐는데 해방되기 전 그러니까 한참 막바지 전쟁 때 군함을 만든다고 나무를 베어 갔다. 거두라 하여 크고 넓은 톱을 갖고 와서 여러 사람이 며칠 베었다. 거두로 나무 베는 사람을 거두쟁이라 했다. 옆에서 톱 가는(날세우는 일) 사람은 계속 톱을 갈았다고 한다. 1km쯤 되는 뱀제 넘어서도 나무 넘어지는 소리가 들렸다느니 안 들렸다느니 하였다. 그렇게 큰 나무였는데 키는 그리 크지 않았다. 넘어지면 우리집까지 오느니 안 오느니 했지만 샘 근처까지 왔다고 했다.

> 주: 그 샘은 동네 공동 우물이라서 해방되고 좌익 우익 싸울 때 좌익이 아침 일찍 몰래 와서 독약을 뿌려 동네 아낙들이 모여 물을 퍼내고 씻는 걸 내(병은)가 봤다.

나무 굵기는 얼마나 굵었는지 나무를 베고 난 그루터기가 방 안에 가득 차겠다고 했는데 안동 선교사 권찬영(Crothers, John Young) 목사님이 밑둥치를 아름으로 재니 여덟 아름 반이었다고 들었다.

> 주: 면에 있는 공식 기록 11m나 되는 큰 나무를 베던 해가 1943년이고 내(병은)가 태어나던 해가 1943년이라서 나는 그 나무를 모른다.

그 나무 밑엔 배꼽 높이로 돌로 만든 상이 있었는데 나무에 무엇을 빌 때 쓰는 것이었으리라. 그리고 나무에도 큰 돌을 동편으로 비스듬하게 대어 놓은 것도 있었다. 그것도 역시 비는 것과 관련 있었고 저절로 놓여진 것이 아니었고 사람이 갖다 놓은 그것 같다. 그리고 돌축을 쌓은 것을 보면 다듬지 않은 커다란 돌 그대로 쌓았다. 나무뿌리가 뻗쳐서 그대로 땅 위에 드러난 것을 보면 경사가 급하지 않은 것이 논밭 둑을 만들기 전에 뿌리가 뻗쳐졌는가 싶다.

> 주: 아랫반송 여기저기 느티나무가 있는데 할배께서 말씀하시길 큰 느티나무 뿌리에서 난 것이라 하셨다.

> 주: 내가 어렸을 때 아랫마을 여러 집에 사무용 책상만 한 육면체 검은 나무상이 있어 그 위에 빨래도 놓고 버지기도 놓고 세숫대야도 놓았는데 조산나무 뿌리를 자른 것이라 한다.

든돌이라 하여 유일하게 계란처럼 생긴 둥그런 돌이 예배당 마당(현재 마을회관 자리)에 있어 우리 어렸을 때 굴리고 세우고 놀았다. 젊은 사람들은 힘 자랑한다고 들면 땅에서 높아야 2cm 정도 들고 대부분 못 들었다. 동마 벽동 형님은 키도 크시고 힘이 세서 맨손으로 들고 몇 발 걸으셨다고 한다. 그분이 1987년도 기준으로 살아 계시면 100세쯤 된다고 한다. 그 둥그런 돌이 원래는 조산나무 밑에 있었다고 한다. 유일하게 남아 있던 그 든돌도 어디에 있는지 행방은 미궁에 빠졌고 반송교회를 찍은 사진에 있으려는지 모르겠다. 할아버님께서 일제 때 경주 여행에서 사 오신 사진첩에 거대한 왕릉 7부쯤에 민간인이 묘를 쓴 것이 있었다. 그런데도 우리 마을에 둘레가 11m나 되는 느티나무가 일제에 의해서 베어 가도 사진 한 장 없나? 유일하게 남아 있던 든돌마저 어디 있는지 아는 이가 없다. 그때 사람들은 얼굴이나 찍지, 풍경은 찍을 생각도 못 했다.

동마에 이씨 선영이 있어 10(4km)리쯤 떨어진 이씨 마을에서 와서 제궁집(묘지켜 주는 집)에 살아 젱마라고 부르다가 동마라고 불렀다. 또 한 마을을 웃마라고 부르는데 동마와 웃마에서 흘러오는 물이 우리집 앞에서 만나 조금 내려오면 서답바위(빨래터)가 있어 빨래하기 좋은 각도의 너럭바위가 물 양쪽에 있어 흙도 없어 빨래하기 이상적인 장소다. 빨래터에 빨래하시는 이가 많으면 50cm 폭포 위에도 빨래할 수 있어 거기서도 했는데 한날 물가에 하얀 빨래가 있고 사람이 없어 내(병은)가 그 빨래에다 모래를 담아 물을 막다가 포천 당숙모님(작은 할배의 맏며느님, 경북여중 제4회 졸업)이 오셔서 야단을 치시는데 그 야단도 부드럽게 듣기 좋았다. 서답바 밑에는 3m쯤 되는 경사진 폭포가 있어 겨울엔 얼음이 두껍게 얼어 짚을 깔고 비료 푸대를 깔아 얼음타기가 너무 재미있었다. 어메가 오라고 불러도 저녁 늦도록, 몸이 지칠 때까지 놀고 집에 가서 호롱불에 발을 녹이고 손을 녹이면 어메는 손발을 만지시며 걱정스레 말씀하셨다. 빨래터 밑에 폭포 얼음 위에 빨래터 물이 계속 내려가니 앞산에 막혀 그늘지는 데다 계속 얼어 얼음 두께가 사람 한 길 정도 되는, 다른 데서는 볼 수 없는 기현상이었다. 멀리서 보면 빨래터로 내려오는 50cm 폭포, 빨래터에서 내려오는 1m 폭포, 조금 넓게 흐르다가 3m쯤 되는 경사진 폭포가 있어 3단계 폭포다. 서답바위 밑에 미끄럼 타는 얼음이 두껍게 얼면 풍년이 든다고 했다. 논에 얼음이 얼면 일제 때 영남의 명문인 경북중학교 다니시던 당숙님들(우봉구, 우학구)이 머리에 꼬리 날리는 수건을 매고 구두에 칼이 달린 스케이트를 타고 즐기시면 반송 동네 아이들은 신문물을 바라봤다. 빨래터에서 높이 1m가 조금 넘는 직각 폭포가 있었는데 중간에 물이 벵그르 돌도록 바위에 요강이 파여 있어 소꾸베이(솔방울)를 넣으면 물은 내려가는데 소꾸베이는 내려가지 않고 벵글 벵글 돌기만 했다.

주: 웃마는 박근혜 대통령 당시 정무비서실장 우병우가

태어났고, 윤석열 대통령권한대행 최상목 경제기획원 장관의 아부지이신 최한철 씨가 태어났고 최씨의 선영이 거기에 있다.

겨울에는 빨래를 삶아서 여자들이 머리에 이고 서답바위에서 300m쯤 되는 연다꼴 따뜻한 샘물가에서 빨래를 했는데 2012년 한국 갔을 때 우병순(택호, 분천) 장로님이 하신 말씀에 그 샘이 가정마다 배설된 수도의 수원지라고 하셨다. 그래서 옛날에 동네 아낙들이 와서 물 길으러 가던 동네 샘이 없어졌다고 한다.

서답빠서 빨래하는 처녀와 지켜보는 개 한 마리

내(병기)가 열 살쯤 됐을 때 반송 우가가 몇 대 내려왔는가에 대하여 죽어 4대 살아 3대라서 처음 들어 오신 입향조 할배로부터 큰아부지(병기)는 7대라고 한다. 지금 살아 있는 자손이 500명쯤 된다.

고조할배는 할배의 할배다. 너희들의 5촌 조카 되는 성율, 성휘와 성현의 아들이 너희들 할배를 고조할배라 한다. 실제로 현손(고조할배는 있지만 손자에게 높을 고자를 붙일 수 없으니 현손이라 한다)이 나는 것을 보고 죽는 것은 있을 수 있다.

내성(봉화)에서 울진까지 보부상들이 걸었던 길에 물건을 대 줬던 물주를 기념하는 기념비

가족 내력

...

할배(서하 혜리의 증조할배, 택호가 도개, 1961년 7월 80세로 돌아가심.) 4형제 중 셋째였고 여동생이 한 분 계셨다. 제일 큰 증조할배(택호 용동), 둘째 증조할배(택호 상동), 너희들의 증조할배 그리고 증고모할매(왕고모)는 김씨 집으로 시집가셨다. 마지막으로 작은 증조할배(택호 용암)셨다.

주: 택호는 장가 간 처가 동네를 일컬음.

증조할배 형제분 중에 제일 맏이와 제일 끝은 공부(한문 공부와 신학문)를 시키셨고 가운데 두 분은 공부를 안 시키고 일을 시키셨다. 큰 증조할배가 글방 선생으로 이 동네 저 동네 이사를 다니시면 너희들 증조할배는 거기 가서 땔나무도 하시고 잡일을 하신 것 같다. 너희들 할매(택호 운동 댁)께서 시집오신 다음에도 큰 증조할배(용동할배) 집에 가서 일을 해 주셨다고 한다. 그때의 풍속은 어느 집이고 비슷비슷했었던 것 같다.

주: 몇 년 전 일인데 MC 박수홍 씨가 TV 출연하고 공연하면 돈을 많이 벌었지만, 그 돈이 대부분 매니저 일을 봐주시던 형 박진홍 씨의 개인 계좌로 입금돼 박진홍 씨의 소유금이 됐다. 형에게 돌아간 거금을 찾으려고 소송을 건 박수홍에게 울릉도 출신인 그들의 부모님은 박수홍에게 크게 노하셔서 법원에서 박수홍을 구타하셨다. 동생이 형을 위해서 일하는 그런 관습이 울릉도에 최근까지 있었나 보다.

제일 큰 증조할배는 배우셔서 과거 보러 서울에 가시고 하셨단다. 입고 가시는 옷을 만들 때 특별한 목화로 옷을 만들어야 급제가 된다 해서 다르게 생긴 목화를 따서 모아 옷을 만들어 입고 가셨다 한다. 한일합방 하고서 10년 동안 조선 땅을 측량할 때 측량사로 일하셨다니 그 당시로는 유지였다.

작은 증조할배(용암)는 선돌(우리 마을 산 너머 이웃 동네)에 있는 글방(글방 선생님을 반포장 또는 반포어른이라 불렀음)에 다니셨는데 반포장어른은 한문이 상당히 깊으셨다고 한다. 내가(병기) 열몇 살에 돌아가셨는데 몇 세에 돌아가셨는지 모르나 상당히 장수하신 거로 들었다. 작은 증조할배가 글방 공부(한문 공부)하시다가 신학문(보통학교, 소학교, 국민학교로 불리다가 2025년인 지금은 초등학교로 불림)을 배우려고 글방을 그만두시게 됐을 때 글방 선생님은 무척 섭섭해 하셨다고 한다.

작은 증조할배는 그 글방에서 공부를 제일 잘하는 수제자셨고 처음 생긴 보통학교에서도 제1회 졸업생 중에서 1등을 하셨다고 한다. 그 후에 관리(공무원)가 되셔서 글방 선생님을 찾아가 큰절을 올렸는데 글방 선생님 집에서 몇 대를 내려와도 무엇을 어떻게 하고서 절을 올리더라고 눈앞에서 보는 것처럼 이야기를 했단다. 그때도 우리집은 무척 가난하였으나 큰 증조할배에게 한문 공부와 작은 증조할배에게 한문 공부와 신학문 공부를 시키신 걸 보면 배움에 대해서 상당한 뿌리가 있고 교육열도 상당했다고 생각된다. 작은 증조할배께서 반송에서 내성(봉화)까지 학교에 다니시느라 맨발로 걸어가시다가 사람이 많이 사는 동네에 가서야 신을 신으셨단다. 아마 짚으로 만든 짚신이었을 거다.

작은 증조할배는 관리를 그만두시고 대서방도 하시고 상운 면장도 하셨다. 병환이 와서 1949년 여름에 돌아가셨다. 큰 증조할배(용동)는 90세쯤 사셨고 둘째 큰 증조할배(상동)는 86세까지 사셨고 너희들 증조할배는 80세에 돌아가셨고 고모할매(왕고모)는 90세 좀 넘게 사셨다.

너희들 고조할배(증조할배의 아부지)는 치질에 고생하셨고 고조할매(증조할배의 어메)는 키가 크셨다고 한다. 그래서 증조할배 형제들이나 할배 형제들이 키가 크시고 힘도 세셨다. 너희들 아부지(병은)나 서하 혜리가 키 큰 것은 고조할매가 크셨기 때문일 것이다.

너희들 증조할배는 함자(이름)가 한자로 양토 규 자와 빛날 화 자셨는데 규 자는 쓸 줄 아시고 화 자는 쓰지 못하는 어른이셨다. 그렇지만 정축생은 몇 살이고 갑인생은 몇 살이고 누가 무슨 생이고 누구는 무슨 생이라고 옛날식으로 나이 계산하시는 것을 봤다. 한문을 외우시는 것은 못 봤으나 "강능사곡봉하에 한 사람이 유하되 성은 이요 이름은 춘백이라… 서산대사가 천기를 보니… 왜놈 3조 8억이 쳐들어오고… 사명대사가… 하는 등등의 상당히 긴 구절을 들어서 외우셨다. 임진왜란 때 이야기이다.

> 주: 한자로 이름도 제대로 못 쓰셔도 천자문을 외우셨고 또 증조할배 4형제들 노래 시합하면 작은 증조할배가 1등, 너희들 증조할배가 2등, 큰 증조할배가 3등 하셨고 둘째 큰 증조할배가 4등 하셨다고 하시더라.

너희들 고조할배는 밤마다 캄캄한 방에서 목청을 돋우어 글을 암송하셨다고 한다. 불을 켠다는 것은 그때는 경제적 부담이 컸다.

너희들의 5대조 할배는 한문이 능하셔서 인근에서

이름 있는 선비셨다고 들었다. 관청에 내는 글을 인근에서 써 가곤 하셨단다. 그 위에 할배에 대해서 나(병기)도 들은 게 없다. "영주시 이산면 용암대에서 봉화군 물야로 옮겨 사시다가 봉화읍 가래골에 다시 옮겨 사시다가 반송에 들어오셔서 터잡은 입향조 윤창할배는 너희들 8대조 할배이시다. 풍산유씨가 사는 짐성골로 네 아들을 데리고 입향하셨는데 큰아들 개혁(서하의 7대조 할배)할배를 대리고 아랫마서 자손 번성하고 둘째는 동마서 정착하셔서 자손 번성하고 셋째와 넷째는 웃마에 정착하셔서 자손 번성하시고 셋째의 일부는 설매리로 가셔서 자손 번성하고 넷째의 일부는 밤나무실로 가셔서 자손 번성했다."

너희들 증조할배가 돌아가시고 1년 후 추도예배를 최영수(최상목 경제기획원 장관의 친할배) 장로님 인도하셨는데 최 장로님께서 말씀하시길 "이 어른은 본심이셨다. 생각건대 평생토록 누구를 속여본 적이 없으신 것 같다. 그러면 궁리가 없어서 그랬을까 하면 그렇지도 않으신 어른이셨고, 하시는 일들을 보면 아주 궁리가 많으신 어른이셨다."라고 하시는 말을 내(병기)가 들었다.

증조할배께서 노년에 들에 나가 일은 못 하셔도 집에서 짚으로 멍석, 봉새이(높이 60cm, 지름 60cm 콩이

나 수수를 담음), 소쿠리(서울말로 삼태기), 짚신을 만드셨고, 닥나무 속껍질로 노를 꼬시고, 부들과 골로 자리를 만드셨는데 아주 매끈하게 만들고, 꼬셨고 일을 잘하셨다.

> 주: 풍년이 지면 가을 타작해서 벼(나락)를 저장하는 곳간(두 칸, 한 칸은 두 칸 넓이)을 넓혀도 넓혀도 모자라 네 증조할배께서 높이는 사람 키만 하고 넓이는 팔을 벌린 넓이로 멍석 엮는 식으로 고장 10개 만들어 놓으셨는데 많으면 고장 7개에 벼를 담아 처마 밑에 뒀다. 그래서 이웃에서 나(병은) 보고 부자라고 말을 해서 집에 와서 누가 누가 나 보고 부자라고 한다 하니까 할매는 부자가 아니라고 하시고 부자라는 말을 못 하게 하셨다. 증조할배는 살림 나실 때 극히 가난하셨지만 내(병은)가 어리고 성장할 때는 곳간을 넓히고 넓혀 초가삼간만 했다.

증조할배는 기력이 쇠잔하셔서 앉아서 새끼를 꼬시다가 넘어지기도 하셨고 네 큰어메 이야기 들어 보면 콩밭에 앉아서 콩을 꺾으시는데도 웬만한 젊은이보다 많이 꺾으시더라고 하신다. 네 할매 이야기로는 증조할배가 젊으실 때는 두 사람 몫의 일을 하셨다고 한다. 증조할배는 부모로부터 살림을 받은 것이 방칫골 마갈

(골짜기의 끝)에 500평쯤 되는 밭을 살림나서 오래 있다가 받으셨는데 비료도 없고 밀인가 보리를 심었는데 오줌을 줘서 수확해 보니 한 가마(약 100리터)가 나 어른들이 좋아하셨다고 한다. 그렇지만 사방이 산으로 둘러싸였고 서북쪽으로 트여 하루 종일 그늘지는 부분이 많고 씨앗을 뿌리면 노루 꿩이 뜯어 먹어 내(병은)가 커서 논은 물론이고 우리 밭 중에 제일 소출이 적어 미류나무 묘목을 심어 임업지로 전환했다.

어느 때인가 증조할배가 마갈밭에서 일하시는데 증조할배 배고프시다고 증조할매가 조로 죽인지 보잘것없는 음식을 만들어 오셨는데 증조할배는 양식 아끼지 않는다고 증조할매를 발로 밟고 야단을 많이 치셨다고 한다. 아침 먹기 전에 나무를 지고 내성(봉화의 옛 이름) 가서 팔고 집에 오면 배가 고파 허기 지시고 땀을 많이 흘리셨다고 한다. 쌀을 지고 태백산을 넘어 200(80km)리를 걸어 바닷가에 가서 팔고 거기서 해산물을 사서 지고 와 형제간에 조금씩 나눠 드리고 4촌 형에게도 나눠드렸다고 한다.

지게에 쌀을 지고 일어서면 무릎에서 조착 조착하다가 한참 걸으면 괜찮아졌다고 한다. 밥은 약탕관에 쌀을 넣어 흔들어 돌이 밑에 가라앉게 하고서 밥을 해서 먹으면서 돌을 골라냈다고 한다. 험한 길이 많아 한 발 잘못 디디면 깊은 낭떠러지로 떨어지는 위험한 곳도 많고 풀이 우거져 먼저 간 사람이 보이지 않은 산등성이도 많았다고 한다. 2025년인 지금도 울진 가는 도로가 위험한 줄로 알고 있다.

  주: 내(병은)가 초등학교 3학년 때까지 증조할배는 꼿꼿한 큰 키에 흰 두루마기 입고 갓 쓰고 장에 가시면 멋있으셨는데 어느 때부터 ㄱ자로 꼬부라지신 것은 젊으셨을 때 보부상 하신다고 지게를 많이 지셔서 그럴 거라고 보였다.

여행자들이 자고 가고 술도 파는 주막집에서 주무실 때 누가 코고는 소리를 내면 베고 자던 목침으로 냅다 때리기도 했다고 한다. 할매 이야기로 "아버님께서 태산준령을 넘어 짐을 지고 날라 살림 밑천을 잡은 것이라" 하시더라.

  주: 미시게 옆 오미 큰뱀이 논을 그렇게 마련하신 것 같다.

연세가 상당하실 때까지 1년에 몇 번 왕복 400(160km)리 보부상을 하셨나 보다. 살림을 이바꼴 산속에 묘 지키는 집으로 나서 10년 이상 사셨다고 한다.

주: 네 증조할배는 집은 없어졌고 집터만 남은 저기로 살림 나셨다. 네 할배는 저기서 태어나셨다고, 서하 5살, 혜리 3살 어렸을 때 이민간다고 반송 여러 어른들께 인사드리고, 걸어서 반송을 떠나 상운으로 가면서 멀리 보이는 이바꼴 집터를 아빠가 가리키니 엄마는 마치 성지를 바라보듯이 보더라.

산속 묘 지키는 외딴집으로 살림 나셔서 양식도 없고 세간살이도 없어 증조할매의 친정집(망동 혹은 망다)에서 양식을 보태 주면 들에 나가서 풀을 뜯어 보태 겨우 목숨을 연명하셨고 증조할배는 큰댁에 가셔서 일을 하시고 끼니를 잡수셨다고 한다. 증조할배는 무척 가난하셨지만, 그때 사람들이 대개 그러했다. 네 할배도 큰집에 가셔서 2년 정도 머슴살이하셨다. 그렇게 고생했지만, 언제부터 우리집에 머슴이 있었는지 내(병기)가 태어나던 때는 머슴이 있었다. 이바꼴 살 때 '섯밭 아지메'라 하여 증조할배 증조할매 양식이 부족하면 도와 주기도 했다는데 증조할매 친정으로 무슨 관계가 있는 것 같다. 반송에 사시다가 언제 장식골로 이사를 가셨는데 돌아가실 것 같다는 기별을 듣고 증조할매는 명태를 사 들고 갔다 오셨다.

1987년 기준으로 50년 전 복숭아 과수원을 했는데 장식골 사람들이 복숭아 사러 반송에 오면 다른 집에는 안 가고 꼭 우리집에만 왔다고 한다. 1949년 좌익 공비 난동이 심했던 봉화군에 부분 계엄령이 선포됐다. 그때 우리는 군 소재지이기도 하고 봉화경찰서 가까운 곳에 평화시에 반송 전체 집값을 합친 것보다 비싼 집을 사서 이사를 가서 살았다. 반송 사람들이 짐도 우리집에 갖다 놓으려 하고 임시로 와서 살려고 했다. 공비 습격을 많이 받았던 반송은 소개하여 다른 동네로 이사 가야 했다. 그때 사람들이 네 할배에게 사정하면 할배는 '안 된다'라는 뜻의 대답을 하셨다. 다른 이유도 있지만 계엄령하에서 시키는 대로 해야지 시키는 대로 안 하면 되느냐 하는 것도 이유였을 것이다. 할배 대답이 옳으셨을 것이다. 증조할배는 못 마땅해 하셨는데 동네 사람들 사정을 안 봐주시니 못마땅하셨을 것이다. 그러나 본심이었기에 어렵고 위험한 상황에서 그렇게 생각하셨을 것이다.

주: 공비의 습격으로 청년이 총 맞아 죽고, 마을을 지키던 우곡 할배는 어깨에 총 맞아 안동 도립병원에서 치료받아 회복하셨고 네 할배는 구타를 당해 손가락이 부러지고 정신을 잃고 작은 증조할배는 병환으로 누워 계시는데 공비들은 지붕에 불을 질러 동네 사람들이 물을 부어 껐다. 마을이 쑥대밭이 된 큰 사건이었다.

격동기

...

    6·25 전쟁하고 있을 1953년 초쯤에 작은아부지와 큰형님이 징집(Mobilizer)돼 군대에 가셨다. 할배는 "왜 싸우노? 안 싸우고 그냥 살면 안 되나? 나라가 통일되고 잘 살려면… 먹고 살기야 나뭇잎을 뜯어 먹고 살아도 안 싸우고 살면…" 이렇게 말씀하셨다. 가만히 있는데도 밤마다 공비가 와서 마을을 쑥대밭으로 만드는 것을 보시고도 지식이 있는 사람이면 평화가 어떻고 동족상잔이 어떻고 하겠지만 순박한 사람 무식한 사람의 그 한마디에도 온갖 말들이 담겨 있다.

    한일합방(Japan annexation of Korea) 때 왜놈(일본사람)보다도 그 앞잡이 하는 한국 사람이 더 무서웠다고 한다. 밭에서 일하고 있는데 앞잡이 하는 한국 사람이 와서 수염을 잡아당기기도 하고 사람을 붙잡아 짐을 지워 데려가기도 하고 일본 사람이 보이면 산 넘어 숨기도 했다고 한다.

    나라가 망했다 하니 "마음이 아주 나쁘더라"라고 한다. "천지의 빛깔이 달라지는 것 같더라"라고 하시더

라. 반송에서도 누가 의병이었고 또 누가 의병이라고 이야기를 하셨는데 너무 어렸을 때 들어 누구였는지 한 사람도 모르겠다. 우리집에서 50리쯤 되는 안동군 예안에서 좀 높은 벼슬 선비가 한일합방에 항거하여 단식투쟁을 하다가 죽었다고 하시더라.

  할배 젊으실 때 겨울에 갓 쓰고 두루막이 입고 길 가다가 우리 마을 가까운데서 얼어죽었다고 한다. 동네 사람들이 주머니를 열어 보니 돈이 조금 있더란다. 동네 사람들이 그 사람을 양지에 묻고 그 돈으로 술을 사 먹었다고 하더라. 지금(1987년)부터 80년 90년전 일이다. 지금 같으면 Ambulance가 와서 죽은 사람을 싣고 갔겠지만 그것이 그 당시 사회현상이었다.

  주: 내(병은)가 어렸을 때 말 안 듣거나 울면 "울면 뺄갱이 온다" 해서 겁을 먹고 울음을 멈췄다. 큰형님 군대에 가시던 날, 날은 흐리고 안방 뒷문 앞, 재봉틀 옆에서 바느질하시는 어메 앞에 앉아 있는데 큰형님이 부엌 쪽에 문을 여시고 "어메 지금 가네요" 하시며 인사를 드리니 어메는 앉은 채로 울면서 "그래 잘 갔다 오너라" 하셨다. 나도 벌떡 일어나 인사를 드려야 했는데 인사 드릴 줄 몰랐다. 얼마 후 형님이 군대 가신다고 입은 옷과 신발이 우편으로 집에 와 어메는 또 울으셨다.

어메는 수시로 평화가 언제 오나? 평화 평화 중얼거리셨다. 그때 형수님도 속으로 울으셨겠지만 형님은 부모님 것이지 형수님은 멀리 계셔야 했다. 형님은 제주도에서 훈련을 마치고 전방으로 가려고 제주항에 오셨을 때 휴전이 돼 전쟁에 참여 안 하셨다. 나중에 첫 휴가 오셨을 때 작은아부지도 휴가 오셨고 동네 사람들이 모두 모였다. 미군 부대에 계실 때 오렌지를 짜서 물에 타서 마시더라, 하니 과일을 짜서 먹는 걸 몰랐던 당시 사람들은 믿지를 않았다. 지금 생각하니 레몬이 아닌가 싶다. 미국에서 원조물자로 오는 분유(우유를 말린 가루)를 물에 타서 끓여 먹던 시대에 미국 사람들은 차가운 우유를 데우지 않고 그냥 마시더라, 하니 동네 사람들은 큰형님을 도무지 말 같지 않은 소리만 한다고 하셨다. 속초에 계실 때 동네 사람들은 속초가 어딘지 몰라 수첩에 있는 지도를 꺼내 찾아보던 때에 형님이 계셨던 군부대가 있던 산에는 눈이 오는데 속초엔 비가 왔다고 하니까, 여기 비가 오면 온 세계에 비가 오고 여기 눈이 오면 온 세계에 눈이 오는 줄 알았던 시대에 여기는 눈이 오고 저기는 비가 온다는 게 말 같지 않게 들려 동네 사람들은 우리 큰형님을 만물박사라고 빈정거렸지만, 틀린 게 하나도 없지 않은가?

그런 것이 TV가 없었고 라디오도 극히 드물었던 시대상이었다.

할매 돌아가신 이야기

...

1949년 늦은 봄이거나 초여름이었다. 할매는 밤에 주무시다가 피를 토하시더니 곧 돌아 가셨다. 70세가 못 되셨다. 숨을 거두시니까 할배는 "잘 가게이. 전에 나쁜 것 다 잊어 버리고 잘 가게이. 40년 살았으면 많이 살았네이." 하시더라. 40년 더 살았을 거다. 그때 아부지께서 50세가 거의 되셨다.

주: 작은할매(용암할메)께서 말씀하시길 64살에 돌아가셨다고 하셨다.

사람이 죽으면 쓰던 물건을 태워 버린다. 태우려고 하니까 할배는 "어 다고"(이리 달라의 경상도 말)라고 하셔서 드리니 그것을 가지고 사람이 안 보는 거랑에 가셔서 태우시고 오셨다. 얼마나 많이 울으셨는지 눈이 많이 부어 있더라고 어메는 이야기하시더라. 내(병기)가 다섯 살이나 일곱 살 되던 어느 겨울날, 할매는 어메를 보고 무슨 일인지 자꾸 소리를 질러 아침밥을 푸느라고 솥에서 김이 올라와 햇볕을 받아 창에 그림자가 비추었지. 나는 아직 안방에 누워 있었고, 할매가 야단치시니 "누가 뭐라 하노?" 자꾸 소리를 지르신다. 할배가 할매를 발로 차 집 안이 조용해 지더라. 그러한 기상이 조상(할배, 도개어른)의 기상이셨다.

> 주: 할매 돌아가신 새벽에 잠에서 깨어나 사랑방에 가니 누군지 모르는 분들이 할매 시신 앞에서 울고 아부지의 4촌 형수 되시는 임천아지메와 6촌 형수되시는 원동아지메가 울고 계셨고 낮이 되니 안동 성경학교 다니시는 큰형님과 둘째 누님이 오셔서 할매 앞에 꿇어 앉아 심히 떨며 울으시는 걸 내(병은)가 봤다. 목수이신 임포아지메의 둘째 아드님이 미리 준비해 놓은 두꺼운 널판 나무를 대패질하여 관을 만드시고 할배는 할매의 물건을 앞 논머리 거랑 향나무 밑에서 붉게 흥분된 얼굴로 태우시는 걸 주변을 뛰어다니던 다섯살인 내(병은)가 보고 할배 얼굴이 왜 저러실까 무서웠다. 할매 상여가 가는데 아부지 어메 고모 작은아부지 작은어메는 뒤따라가시며 큰 소리로 우는데 놀란 나는 큰 소리로 우니 큰 누님이 울면서 나를 업어 달랬다. 그 후로 할배는 마루 기둥에 손을 올리고 기대어 상여가 간 쪽을 바라보셨다. 어렸지만 할배 할매 추억을 쓸려면 끝이 없다.

큰할배는 큰 부자는 아니래도 논밭이 넓게 있어 할배와 아부지가 머슴도 하셨고 둘째 큰할배는 증조할배로부터 첫 살림을 나가시니 세간을 물려받으셨지만 두 번째 세간 내주시기엔 부담이 너무 크셨나 보다. 그래서 집이 없어 이바꼴 산속에 묘 지키는 외딴집으로 살림 나셔서 할배는 쌀을 지고 200리나 되는 보부상으로 동해바닷가에 가시고 할매 혼자 애기 아부지를 데리고 있는데 뒷길에 누가 앉아 담배 피우는 남자가 뒤창으로 보여 애기 아부지를 둘러업고 어두운 밤에 아랫마을 큰집에 뛰어오셨다고 하신다. 어메가 시집 오시고 서답바에서 빨래를 하시는데 누가 지나면서 "숫개 집이 어데껴?" 하고 물어 갓 시집와서 몰라 대답을 못하시고 집에 와서 "누가 숫개를 묻던데 '숫개가 누간고?'" 하고 고모님에게 물으니 뒤에 계단식 밭을 가는 남자를 가리키시며 "저 머시마가 수캐잖아(ㅅ동할배)" 하시더란다. 이처럼 집주변에 밭때기 하나 없던 차에 앞에 300평 되는 편편한 밭 하나 사서 할매는 너무 좋아 며칠 잠을 못 주무셨다고 하셨다. 할배는 밭을 갈러 가셔서 밭을 다 갈아도 날이 밝지 않았다고 하신다. 작은할배(용암할배)는 각지방에 생긴 신식학교 졸업하시고 관리가 되셔서 월급 모아 동마서 내려오는 물과 웃마서 내려오는 물이 만나는 곳에 있는 논을 사셨다. 작은할배가 첫 번째 사신 논이라고 한다.

어메가 시집 오신 다음에도 점심은 먹지 않고 굶을 때가 많으셨다고 한다. 할배만 밑에 나물을 넣고 위에 밥을 조금 담아 드리고 할매 어메 고모님은 안 잡수셨다고 한다. 할매는 "춤 넘어간다 무꾸(무우) 가져 오너라" 하셔도 무꾸인들 많이 있느냐? 농사 지을 밭도 얼마 없는데 무꾸도 많지 않았다고 한다. 어메가 처녀 때 여기저기서 혼담이 왔지만 신랑의 큰아부지가 글을 많이 하시는 선비라 해서 시집오고 싶어 와보니 가난하다는 말은 들었지만 너무 가난해 산나물 뜯어 끼니를 이어 가 머리를 묶으면 손가락 같았는데 사촌 시누이 고장실(용암할배 큰따님)이는 잘 먹어, 머리는 말꼬리 같았다고 한다. 가난에 한이 되어 작은아부지 세간 나실 때 많이 물려 주셨다고 한다.

보부상이셨던 할배

...

　이 전까지는 브라질로 이민 간 조카 서하와 혜리를 기점으로 해서 썼지만 이제부터는 나(병기)를 기점으로 쓴다.

　1961년 나는 안동사범학교 나와 초등학교 선생 하다가 군대에 있을 때였다. 선생 첫 월급으로 병은에게 장발장 소설책을 사 줬다. 그래서 내(병기) 눈으로 보지는 못했다. 할배의 여동생(왕고모님)이 오라버니가 오래 못 사실 것 같아 70리 거리의 풍기에서 와 보셨나 보다. 왕고모님은 우리집에 계시다가 다시 풍기 집으로 가시려는데 할배는 눈물을 많이 흘리시며 주머니에 있는 돈 200환 전부를 내어주셨다고 한다. 그 돈을 누가 드렸던 돈일까? 아무도 용돈을 드리지 않았었는데, 누가 드린 것을 안 쓰시고 보관하셨던 거겠지. 옛날에 너무 가난했던 탓에 용돈 드릴 줄도 몰랐고 뭘 좋은 걸 사다 드릴 줄도 몰랐다. 지금 과일이야 무엇이야 흔하게 먹으면 할배 생각이 많이 난다. 나는 오래 사실 줄 알았는데 일찍 돌아가셨다.

주: 할배는 무명천으로 만든 복주머니를 허리끈에 매 바지 앞에 차고 다니셨는데 주머니 속에는 작은아부지께서 드린 돈과 복숭아를 깎아 잡숫는 칼을 깨끗이 해서 넣고 다니셨다. 막내 아들네 말고 큰아들이신 우리집에 막내 손녀 병옥이가 사랑방에 할배에게 오면 흐뭇한 모습으로 "옥이 옷 좋다" 하시면 병옥이는 "안 좋아요 할배요" 했다. 내(병은)가 형들과 한 상에서 아침을 먹으면 생선 한 쪼가리 떼어서 꼭 주셨는데 12살이 되어 설날 아침에 떡국을 잡숫다가 "은아 장개(장가) 가거라."라고 해마다 설날 아침에 말씀하셨다. 형들에겐 그 말씀을 안 하셨는데 나에게만 그 말씀을 하시니 귀 어두운 막냇손자에게 관심이 많이 쓰이셨나 보다. 방학을 마치고 안동여고 다니던 막내 손녀(병옥)가 검은 교복에 하얀 카라를 하고 할배에게 인사드리면 하늘이 무너지는 소리를 내며 울어 "할배요 다음에 또 올게요" 울음이 어느 정도 진정되면 가고 막내 아들네 집에 손자 병혁이가 왔다 가도 하늘이 무너지듯 울으셨고 동생이신 작은 할배(용암 할배)가 일찍 돌아가셔서 오랫동안 혼자 살으셨던 작은 할매가 오셨다 가도 하늘이 무너질 듯이 울었다. 그리고 얼마 안 있어 돌아가셨다. 아부지가 신장염으로 오랫동안 마구간이 딸린 모처방에 누워 계시니 사랑방에 계시던 할배는 모처방에 누워 계신 아버지에

게 "니가 저 방으로 가거라. 내가 여기 있을란다." 하시며 누추한 방에서 할배가 지내시며 아부지의 병 낫기를 기도하셨다

젊으셨을 때는 보부상으로 무거운 짐을 지고 200리나 멀리 갔다 오신 할배. 늙어서는 방학을 마치고 학교 가는 막내 손녀에게 하늘이 무너지라 우셨다.

주: 아부지는 서당에서 천자문, 명심보감 등 한 단계 한 단계 뗄 때마다 할매가 기뻐 콩을 볶아 주셨다고 한다. 부잣집이면 떡을 해 주셨겠지만, 한문을 배우면서 한글은 저절로 알으셨다고 한다. 한글을 따로 배우지 않으셨다고 한다.

아부지

...

　우리(병기의 9남매 아부지) 아부지는 어려운 형편에도 서당에 가셔서 한문을 배우셨다. 처음엔 큰할배에게 배우시다가 나중에는 단산 아재 웃대 어른께 배우러 가셨다는데 그 어른이 글이 더 높았기 때문이라 한다. 그 어른이 진사였다고 한다. 앞산 밑에 진사 표시로 무얼 세워 놓았다고 한다. 내가 봤을 때 아부지는 농사일 하실 때 다른 사람이 쉴 참이라 해도 쉬지 않으셨다. 일하는 속도는 빠르지 않지만 결과는 아부지가 더 많이 하셨다. 반송에서 밤에 출발하여 100리(40km) 길을 걸어 안동 성경학교 아침 시간에 맞춰 도착하셨다고 한다. 둘째 큰할배의 의붓아드님이신 최영수(최상목 경제기획원 장관의 할배) 씨와 이웃 마을 방골에 서봉원 씨 셋이 어두운 밤에 예고개를 넘다가 갈가지라는 고양잇과 동물이 뒤따라오면서 흙을 퍼부으면 셋이 팔짱을 꽉 끼고 갈가지의 영역을 벗어났다고 하신다. 다른 어른들 말 들어 보면 아주 잘 걸어가셔서 따라가질 못한다고 하신다. 지금(1987년)도 80살 넘으셨지만 걸음 속도가 젊은 사람과 비슷하다. 서울서 반송까지 3일 만에 걸으셨고 안면(소천면, 재산면) 교회에 교역하실 때는 하루 150리 길은 평균으로 걸으셨다고 하신다. 산에 나무하는 갈비(솔잎) 끄는 것은 아주 잘하셔서 아침 식전에 50살 넘어서도 두 짐씩 하는 것을 봤다. 50대 중반에 신장염에 걸리셔서 연세도 그만하고 못 고칠 병이라 돌아가실 거라 생각했다. 우리들에게 말하실 때는 "오래 앓을 거라" 했다. 그러나 큰매형과 셋째 매형이 약을 잘 해드려 병원에 입원도 하셨지만 원칸 음식이라든지 의사가 하라는 대로 해로운 것은 안 잡수셔 그 어려운 병을 고치시고 나으셨다. 30대에 반송교회에서 장로가 되셨다.

> 주: 이X 아재도 신장염을 앓으셨는데 술을 끊지 못해 돌아가셨고 그 외에도 신장염으로 고생했지만 술을 끊지 못해 돌아가셨다.

복숭아와 고구마를 일찍 심으셨다. 여름에 복숭아를 팔고 사랑방에서 할배, 아부지, 큰형님이 돈을 세실 때 내(병기)가 물어 보니 형님께서 하시는 말씀에 우리집 농사보다 몇 배 되며 소를 사면 한 20마리 산다고 하셨다. 그러나 그때 우리집에선 금융을 배우지 못해서 돈을 어떻게 활용하는지 몰랐던 것 같다. 그때는 돈 가치가 하루가 다르게 떨어지는 전시였는데 돈으로 가만 갖고 계시니 별 가치가 없게 된 것 같다.

고구마도 재배, 온상에서 싹틔우는 것과 가을에 저장하는 것 등. 그 당시에는 그것을 할줄 아는 사람이 드물었는데 아부지는 그걸 다 하셨다. 고구마 재배법이라는 일어로 된 안내문을 아부지는 빨리 이해를 하셨나 보다. 내가 알기로는 봉화군청에서 고구마에 대해서 우리집에 출장도 오셨다. 내(병기)가 열몇 살 어릴 때 내성(봉화)에 가면 아이들이 반송에 산다면 "반송 고구마, 반송 고구마" 했다. 봉화군 내에서 고구마 저장할 줄 아는 사람은 아부지가 제일이셨던 같다. 봉화군청에서도 아부지 고구마 저장법을 "반송식 고구마 저장법"이라 명명했다.

복숭아 과수원도 안동 성경학교에서 선교사가 보여주는 일본의 모범 농가라는 영화에 집주변에 과수원을 해서 자녀들을 상급 학교 보내고 잘사는 것을 보시고 안동서 수밀도 복숭아 묘목 세 나무를 사 오셔 앞 밭에 심었다가 "곡식 심는 밭에 나무 심는 미친놈" 소리를 들어가면서 시작했다.

주: 내(병은)가 초등학교 5학년 때쯤 비바람이 불어 굵은 복숭아나무가 넘어졌다. 이것을 어메에게 이야기하니 그게 첫 번째 심은 복숭아나무였다고 하셨다.

처음에는 묘목을 사다 심었지만, 그다음부터는 씨를 심어 나면 좋은 종자 접붙여 심었는데 그 당시 접붙이는 법을 알면 요즘으로 치면 벤처 기술쯤 됐나 보다. "복숭아 접을 누구에게 배우셨습니까?" 물으니, 누구에게 배웠는지 모른다고 하셨다. 아마 안동 성경학교 다니시면서 배웠을 것이다. 감나무 접도 하셨다. 감나무도 우리집에는 종류도 많고 나무도 많았다. 감나무 접은 성경학교 다니실 때 예천군에 사시는 서사 황 장로님한테 배우셨다고 했다. 서사는 예천군에 있는 지명(The name of place)일 것이다. 황 장로님은 아부지보다 연세가 몇 살 많았다고 한다. 복숭아나무, 감나무, 밤나무 등을 심으셨다. 사과나무는 묘목을 사다 심으셨지만 복숭아가 제일 성공적이었고 고구마도 재미를 보셨다. 아주 가난하셨을 때 황금이라는 약초를 캐서 살림에 보태셨는데 조밥을 천에 싸서 산에 가서 황금을 캐다가 점심 때가 돼 언 밥을 잡수시면 몸도 얼어 잠시 떨다가 금세 추위도 물러가고 배가 부르셨단다. 약초 황금을 팔아 마을 밖 미시개에 묘판으로 쓰는 300평 논을 사셨다고 한다. 이병철, 정주영 씨도 서울 가셔서 재벌이 됐는데 아부지도 돈 많이 버실 때 서울 가실려고 하니까 할배가 고향을 떠나기 싫어하셔서 못 갔다고 한다. 그때 서울 가셨으면 나도 재벌 아들 될 뻔했다.

주: 봉화군수가 전 농가에 고구마 보급을 위해서 면장 회의를 소집했는데 어느 면장은 고구마가 뭔지 몰라 "고구마가 뭔데?" 해서 상운 면장으로 계시던 작은 할배(용암할배)는 "나는 고구마 잘 안다" 하고 자랑을 하셨단다.

주: 큰형님은 군대에 가시고 작은형님은 멀리 가서 선생하시고 아부지는 신장염으로 누워 계시는데 머슴으로 오신 엄 씨, 이 씨는 밭을 갈면 갱신한다고 큰형님, 작은형님, 병기형님과 병택형님이 심은 복숭아 묘목을 갈아엎어 복숭아 과수원은 계속성이 없어졌다.

주: 내(병은)가 초등학교 6학년인지 중학교 1학년인지 국가에서 누에를 많이 기르라고 누에 기르는 판인 잠반을 만들라고 할 때 학교 다니는 우리가 방학 중일 때 \병택형님과 나는 등나무를 베어와 아부지는 속껍질을 벗기고 할배는 노를 꼬시고 조(서숙) 줄기로 판을 엮으면 아부지는 가느다란 나무를 양쪽에 대고 못을 박아 100개를 완성했다. 경북도와 봉화군청 직원이 상운 면서기 안내를 받아 마당에 올라와 마루에 높이 쌓인 잠반을 보고 놀라 기뻐하셨다. 우리집에 검사를 마치고 나가니 이웃집에 숨어 있던 덕 골 사람들이 지게를 지고 와 마루에 있던 잠반을 지고 덕골에 가

보니 아까 우리집에 왔던 직원들이 먼저 와 있어 성과를 과장하려던 계획이 실패했다고 한다. 내(병은)가 서울 길동에서 양계장을 할려고 병아리를 키울 때 겉옷을 벗고도 더울 정도로 방을 뜨겁게 하는 걸 아부지가 보시고 아부지는 젊을 때 병아리를 키우실 때 쥐가 들어 오지 말라고 틈을 막았는데 그것이 보온을 하게 돼 살았구나 하셨다.

주: 최영수 장로님께서 반송교회서 설교하실 때 우복구(우리 아부지) 장로님과 안동으로 걸어가다가 우리는 지쳤는데 천천히 걸어오시던 우 장로님은 지치지도 않고 앞서 걸어 가셨다, 라고 예를 들어 말씀하시고, 또 우병국(우리 큰형님) 집사님 네는 예전에 말할 수 없이 가난했지만 예수 믿고 부자 됐다고 설교에서 말씀하셨다.

주: 오랫동안 극히 가난하셔서 가난한 사람들과 교류하시다가 갑자기 자산가가 되셔 자산가 클럽에 들지 못하고 여전히 가난한 시절 생활을 하셨다. 교육이 얼마나 중요한지 아셔서 교육에 돈을 아끼지 않았지만 자전거도 안 사고 남들 다 사는 후래쉬(Flash)를 사서 어두운 밤에 불을 비추며 걸어가는 게 부러워 나(병은)도 샀다가 크게 야단을 맞았다.이러시니 친구

와 한국 무전여행을 해도 "무전여행 하겠으니 보내 주세요," 물어 보지도 못하고 허락도 없이 저질러 놓고 봤다.

아부지 사진

할배로부터 증손자까지 4대. 제일 왼쪽이 반송역사 저자인 우병기

형님 이야기

...

　형님은 너희들의 제일 큰아부지시고 압동으로 장가 갔고 택호는 압동이다. 이민 간다고 반송에 출국 인사 드리러 갔을 때 서하 혜리에게 밤과 대추 따 주시던 어른이고 집에 계시던 여자는 네 큰엄마다.

　형님은 초등학교 다닐 때 조금 나이가 많거나 비슷한 또래와 어울려서 학교에 가지 않고 중간에서 노는 것이 아부지에게 알려져 학교를 못 다니게 되어 그때부터 농사일을 하셨다. 아부지께서 이해심이 깊으셔서 학교 중단을 시키지 않으셔야 옳았을 거다.

　주: 초등학교 5학년까지 하셨으니 낙제 안 당하신 것 보면 공부는 어지간히 하셨나 보다. 내(병은) 경험으로 봐서 선천적으로 공부를 못 하고 먼 친척 되는 마을 친구가 중학교 때 학교 빼 먹자고 나(병은)를 많이 꼬시던데 큰형님에게 나이가 많거나 또래와 어울려 중간에서 놀았다는 걸 보면 꼬임을 받은 것같다.

같은 나이 또래로서 일찍 자라시고 또 체중보다 힘이 세셨다. 보기에도 힘이 세게 생기셨다. 어메가 이야기하시는데 15살 16살부터 논을 가셨고 농사일을 못 하시는 게 없었으며 동네에서도 장골이라 했다고 한다. 15살 16살에 100근(약 60kg) 나가는 공출 가마니를 들어서 소에 실었다고 한다. 숨을 헐떡이며 힘껏 농사일을 하셨다. 보통 밤늦도록 일하고 아침에도 잠만 깨면 밝거나 어둡거나 일을 시작하셨다.

큰형수님(네 큰엄마)은 19살인지 20살에 시집오셔서 많은 일, 많은 시동생과 시누이들, 시조부모와 시부모를 섬기시느라 말할 수 없이 고생을 하셨다. 내(병기)가 봐도 단 한 번도 쉬시는 걸 못 봤다. 원칸 건강하신 분이셨다. 그러고도 병을 앓지 않으셨고 시부모, 시동생과 시누이들 어느 누구도 형수님에게 고단하시지 않은지? 어떤 사정이 있는지? 등에 대해서 물어보지도 않고 생각도 안 했다. 그런데도 시어메이신 우리 어메는 형수님에게 야단만 치시는데 형수님은 듣고만 있고 "이건 이래서 이렇습니다"라고 말하는 것은 그 당시 법도에 어긋나 아무 말도 못 하셨다. 그러면 다른 사람에게 어떠하다는 것을 알아봐 주세요, 하실 텐데 그러시지도 않고 평생을 살아오셨다.

우리나라는 옛날부터 시어메와 며느리 사이가 나쁘다고 되어 있었다. 지금은 별로 그렇지 않은 것 같다.

형님은 소 등에 올리는 지르매, 소구루마와 지게 등 모든 연장을 잘 고치시고 언간한 것은 만들어서 쓰셨다. 공비들 습격에 마을 사람들이 죽고 다치고 아부지도 맞아 실신하고 손가락이 부러져 봉화경찰서 근처 봉화에서 몇째 가는 집을 사서 이사하여서 사는데 여전히 구루마 수요가 높아 하루 나가 짐을 운반해 주면 쌀 반 가마니 값을 버셨다. 그 당시 쌀값이 비쌌다.

> 주: 내(병은)가 봉화초등 1학년 다닐 때 제5 교사를 지었다. 때로는 우리 큰형님이, 때로는 이북에서 월남하셔서 우리집에 머슴으로 계시던 곽의명 씨가 바래미서 기와를 구루마에 싣고 오신 것을 봤다. 곽의명 씨는 나중에 봉성면 동양 창평교회 목사로 계셨다.

겨울에 나무할 때면 다른 사람들은 하루에 한 짐이나 두 짐하지만 형님은 하루에 일곱 짐을 하신다. 방치꼴 산에 갈비도 많고 끌기도 좋았지만 일하는 속도가 다른 사람보다 훨씬 빨랐다. 동네에 상일군이라는 사람도 우리집에 와서 일하면 형님 밑에서 가랭이도 못 따라갔다.

해방이 되고 안동에 있는 성경학교에 다니셨는데 거기서 양식 아껴 잡수신 이야기를 하는데 들어 보면 하루에 보리쌀 2홉 정도 자셨는 것 같다. 다른 사람의 반이 될까 말까 하는 거지. 너무 무리하셨다. 성경학교 다닐 때도 집일이 바쁘면 집에 와서 일을 하셨다.

군대에 가셔서 제주도에서 훈련받았는데 음식량이 적고 위생 상태가 나빠 신병들이 많이 죽었다. 군인들이 먹으라는 양식을 높은 사람이 팔아먹어 군인들은 배가 고파 죽기도 해 죽은 사람을 화장하느라 항상 연기가 올라갔다고 한다. 배가 고파 힘이 없어 눈이 뜨이지 않고 감겼는데도 주머니에 얼마간의 돈이 있었는데 사 먹지는 않으셨단다.

방치꼴 산은 우리가 사고서 철저히 지키고 관리해서 내(병기)가 일곱 살 어린 기억에 하늘이 보이지 않을 정도로 나무가 많았다. 지금은 솎아 베어서 그렇지 갈비 말고 나무토막을 주워도 금방 한 짐이었다.

반송 참꽃(진달래)

누님과 여동생

...

내(병기) 기준으로 누님과 여동생이지만 서하 혜리 기준으로 고모님들이다. 나의 왕고모님(서하 혜리의 증조할배의 여동생)은 설매 김씨댁으로 출가하셨는데 왕고모할배는 선비셨다는데 언제 돌아가셨는지 모르나 젊어서 돌아가셨다. 또 풍기로 이사 가셔서 살았는데 언제 가셨는지도 모르겠고 반송에 풍기서 시집오신 분이 적어도 7명이 있는데 풍기에 왕고모님이 계셔서 일 거다. 나는 왕고모님을 자주 뵙지 못해도 친정 아이들 이름이라면 내 이름 너희 아부지 이름 병은이도 알고 계셨단다.

고모님(네 할배의 여동생)은 영주군 평은면 내매 강씨댁으로 시집을 가셨는데 딸 하나, 아들 하나 낳고 도박(gamble)에 빠져 살림을 다 털어먹고 일찍이 목사가 많은 집안에서 미움받아 일본으로 건너가 거기서 일본 여자와 가정을 이끌어 고모님은 젊어서 혼자서 살으셨다. 그 기막힌 삶을 무어라 할 수 있겠느냐? 그런데도 우리집이 억울한 일을 당하게 되면 고모님은 분해서 어찌할 줄을 몰라했다.

> 주: 내(병은)가 초등학교 4학년 때(1954년) 풍기에 귀 고치는 명의가 있다 해서 10일인지 한 달인지 왕고모님 집에 어메와 함께 머무르면서 왕진으로 오는 의사에게 매일 주사를 맞았는데 완치는 안 돼도 많이 좋아졌다. 알고 보니 한국 전쟁 때 처음으로 한국에 보급된 페니실린이었다. 그때 왕고모님을 처음 봤는데 할배 형제들이 잘생겼듯이 왕고모님도 머리는 하얀 백발이어도 참 예쁘셨다.

우리 9남매 중에 여자들(너희들 고모 네분)은 자랄 때 아들은 밥을 먹으면 딸들은 나물 섞인 밥을 먹는 식으로 아들딸 차별을 심하게 받으며 컸다. 왕고모님, 고모님과 우리 누이들, 우리집에서 시집간 분들은 우리가 너무 가난하기도 하고 생각이 안 돌아서 시집가서 체면이 서지 못했으리라. 그것은 남자를 존경하고 여자를 비하했던 남존여비 사상이 강했던 한국사회 전체가 그러했다. 유교 국가였던 일본도 남존여비가 심했다고 한다.

> 주: 큰 누님(병난)이 아부지가 아들딸을 얼마나 차별했는지 원한에 찬 말을 하는 걸 들었다. 만일 큰 누님도

그 시대 사람이라면 안 그랬을까? 큰 누님이 시집가신 매형은 어렸을 때 매형의 아부지는 정미소를 하셨는데 아부지가 돌아가셔서 매형의 삼촌이 정미소를 팔아먹어 매형은 이발소에서 심부름하며 결혼해서는 누님은 성냥 만드는 일을 하셨고, 6·25전쟁 중에 군대 가셔서 어릴 때 정미소를 본 게 있어 기계를 다룰 줄 알아 탱크 감독관이셔서 이 부대 저 부대를 다니면서 탱크를 감독하셨단다. 제대 후에 민간인이 가기 무서워하는 포천군 운천에서 자동차 수리 공장을 하시며 미군을 상대로 돈을 많이 벌어 서울에 땅을 많이 샀다.

내(병기) 어릴 때를 돌아보면 우리 외갓집(10리 거리인 소야)에서 강아지를 얻어와 길렀다. 외갓집에서 그 강아지 낳은 어미개를 잡아 반을 우리집에 보내 우리도 먹었다. 외갓집에도 식구가 많았는데, 개고기를 먹는다는 것을 요즘 사람들은 벼락에 놀란 것처럼 뛰겠지만 그것이 사회상이었고 오히려 먹고 사는 사람이 개고기를 먹었다.

어메(너희들의 할매)가 친정에 가시면 9남매를 한꺼번에 데려갈 수 없으니 적당한 나이가 되면 한둘씩 데려가는데 막내 고모(병옥)는 같이 갈려고 막 울었다. 우는 고모를 내(병기)가 다른 누구와 같이 외갓집에 가

자하고 외가 가는 길 따뜻한 양지길에서 놀다가 집에 오기도 했다.

주: 나(병은)도 초등 3학년 때 처음으로 어메를 따라 산을 넘어 외갓집에 가서 외할매, 외숙님과 외숙모님 외사촌들이 많이 반겨 주셔서 외갓집에 계속 가고 싶었다. 내가 모르는 동네 아주머니들이 어메 주변에 모여 밤늦도록 즐거운 이야기를 하시는데 외사촌 누이들이 나를 귀머거리라 놀려 어메와 외숙모님이 많이 야단쳐 전부 쥐 죽은 듯 조용했다. 우리집에 개가 필요해서 외갓집에서 강아지를 잘 얻어 오는 것을 알고 있는 병옥누님과 내(병은)가 어메에게 "또 강아지 얻어 와요" 하니까 어메는 "외갓집에서 사람씨도 가져오고 개씨도 가져오나?" 하셔서 많이 웃었다.

논밭 물려받음

...

우리 5형제가 살림 받아온 것은 기준을 조금 혼동되게 받은 것 같다. 큰형님이 제일 많이 받으셨으나 그토록 죽을 만치 일한 것에 비해서 동생들 나눠 주고 나니 균형이 맞지 않은 것 같다. 5형제 중 가운데 셋은 학교 마치는 대로 초등학교 교사로 취직되거나 유명회사에 취직했는데 논을 너무 많이 받은 것 같다. 부모님 보기에는 취직도 시켜주고 땅도 많이 있어야 살아갈 수 있다고 생각하셨을 거다. 지금은 월급받는 사람 생활이 좋지만 부모님이 우리에게 논을 나눠 주시던 1960년대 초만 해도 학교 선생 해서 아들 하나 중학교 보내기도 힘들었다. 둘째 형님은 결혼 분가하기 전 당시 농지법에 한 집에 논밭을 9천평 이상 소유할 수 없게 됐는데 가까운 친척이 논을 팔려고 내놓은 걸 사서 바로 둘째 형 이름으로 해 놓았다.

주: 1966년 나(병은)는 대략 논 반 밭 반으로 해서 1,600평을 받아 팔아서 컨츄리 골프장, 지금 어린이대공원

끝 능동에 땅 180평을 샀다. 적어도 800평을 살 수 있는 돈이었는데 귀가 어두워 속고 샀다. 하지만 서울에서 지내다 보면 명함을 주면서 만나고 싶다 하는 미녀가 나에게 결혼해 줘 남들 못지않게 잘살아 왔다.

너희 아부지는 초등학교 4학년 됐을 때쯤 학교에 보냈는데 집에 와서 "돼지 새끼 1마리 얼마?" 뭐가 얼마라고 이야기를 해 학교는 가지 않고 장 구경하다 왔구나 알아차렸다. 귀가 어두워 학교에 가면 놀림 받아 그런 줄 알았다. 부모님은 그런 걸 알아차려야 할 건데 그런 생각도 할 줄 몰랐다. 장 구경하고 집에 와서 장에서 봤던 물건 모형을 만들고 기중기도 만들고 퍽 잘 만들었다.

주: 어린이용 월간잡지 『새벗』에 뭣을 만드는 공작란에 나온 것을 만들기 좋아했고 물속에서 항해하면서 물 밖을 보는 잠망경 만드는 게 나와 중학교 때 그걸 만들어 방학을 마치고 학교에 가는데 먼 친척 되시는 선생님이 자전거에서 내려 잠망경으로 직접 보이지 않은 자기 뒷면이 보여서 놀라워하셨다. 중학교 가서 숙제 과제물을 과학 선생님에게 갖다 드리는데 체육 선생님이 교무실에서 잠망경으로 다른 교실 안을 훤

히 보시고는 "아-" 하고 소리를 지르셨다.

주: 1950년대 후반에 원자쥐약으로 쥐를 잡으면 늑대 여우가 죽은 쥐를 먹고 죽어 산토끼를 잡아먹는 상위 포식자가 없어 산토끼가 기하급수로 번식하여 겨울 산에 풀과 흙이 남아 나지 않았다. 6학년 졸업을 앞두고 겨울 방학에 학교 오라는 소집을 받고 이웃집 갑자(우병학 장로님 따님)와 함께 눈을 밟으며 연다꼴 재에 올라가다가 바위로 이뤄진 굴 입구에 커다란 산토끼가 앉아 있어 잡으러 올라가니 안으로 피해 들어가 바위가 끝나는 위쪽 돌멩이를 걷어 냈다. 산토끼가 보여 끌어내 집에 와서 빈 토끼집에 넣어 놓고 학교엘 갔다. 살아 있을 줄 알고 학교 마치고 집에 와 보니, 토끼집에서 달아 날려고 발버둥 쳐서 잡아 토끼탕 끓여 맛있게 먹었다. 할배가 "토끼가 눈 뜨고 자더냐?"고 물으셔서 나는 그걸 몰라 대답을 못해 드렸는데 토끼와 사슴은 포식자를 봐야 하니 눈 뜨고 잔다고 하신다.

주: 상위 포식자가 없어 많은 사람들이 산에 토끼 잡는 틀을 놓아 잡았는데 야행성인 산토끼는 밤에 다니다가 미끼를 먹고 치여 죽으면 다음 날 아침에 가지러 간다. 평소에 거짓말 잘 하고 남의 밭에 복숭아 잘

따 먹는 C형이 먼저 와서 잡혀 있는 산토끼를 가져갔다. 그러던 형이 도박을 해서 자기 재산 다 털리고 자기 형 재산까지 다 털렸다.

주: 1956년 내(병은)가 봉화중학교에 들어갔을 때 우리 마을 반송에서 3학년에 우영구, 우병옥(여), 우시하, 우성길, 우성학 2학년에 우영구, 우진구, 우정수, 우무하 1학년에 우한구, 우병은, 우봉하 12명이었다. 반송을 떠나 봉화에서 봉화중학 다닌 우옥자(여), 우문자(여)(우하구 당숙님 따님들)와 반송에 살면서 대구 유학 가서 중학교를 다닌 우봉구를 제외. 다른 마을엔 많아야 너댓 명인데 12명이면 아주 많았다.

공부하는 것

...

내(병기)가 봉화초등학교 6학년 때 공부 잘한다는 말을 듣기도 했다. 5학년 6학년 셈본(수학)에 어려운 것도 있지만 조금 궁리하면 다 풀 수 있었다. 중고등학교에서 배우는 식으로 풀려면 지금도 어떤 식으로 식을 세워야 하는지 모르겠다.

어떤 사람은 나이 어릴 때 머리가 깨이는 사람 있고 어떤 사람은 늦게 깨이는 사람도 있다. 대개 살펴보면 어른들이 옛날에 한문을 배우거나 신학문을 배웠으면 그런 집 아이들은 공부를 잘하게 된다. 공부하는 것이 어떤 것이며 몸의 태도 마음의 태도 어떤 문제가 있는가를 알고 있기 때문이기도 하다. 그런데 우리집 사람들은 신중하고 조용히 문제를 생각해야 할 때가 되면 그냥 웃어 버리는 경향이 있다. 그래서 중대하거나 어려운 문제를 풀 수 없다.

옛날 서당(Village schoolhouse)에서 꿇어앉아 공부를 한다든지 절(Buddist Temple)에서 선(Zen)이라 하여 어떻게 정신 통일을 해야 하고 마음을 가다듬는다든지 하는 것은 다 오랜 세월을 두고 필요해서 만들어 낸 방법일 것이다.

 꿇어앉지 않더라도 선을 하지 않더라도 어떻게 하면 정신 통일을 하고 마음을 평온케 하여 공부를 잘할 수 있는가, 어려운 문제를 풀 수 있는 방법을 배워야 한다.

 전문가(교육학자, 심리학자)에게 물어 보면 시원한 대답이 나오겠지만 그 말들은 참고로 할 뿐이고 내 자신의 문제 내 자신의 방법은 내 스스로 끊임없이 연구하고 찾아 내야만 될 수 있다. 학비를 많이 들여서 공부시키는데 공부를 못 하면 어떻게 하나? 너무 마음을 무겁게 가지면 더 안 된다. 언제나 마음이 평온해야 무슨 일을 할 수 있다. 어떻게 하면 잘할 수 있을까, 하는 의문을 항상 갖고 있어야지, 좀 잘한다고 너무 기뻐하고 좀 못 한다고 너무 걱정할 건 없다. 할배가 서당에서 천자문, 명심보감 하나 뗄 때마다 증조할매는 상으로 콩을 볶아 주셨다고 하신다.

 옛날 김천택 시조에

  잘 가노라 닫지 말며
  못 가노라 쉬지 말라
  부디 긋지 말고

촌음을 아껴 쓰라
가다가 중지 곧 하면
아니 감만 못하노라

우리 시조의 좋은 가르침이다.

그리고 몸은 강하게 건강하게 단련하여야 한다. 무술(권투, 유도, 태권도)도 사격술도 다 필요한 것이다. 세상이 그렇게도 험한 세상이다. 그러나 사람들과 싸움은 할 수 있는 한 피해야 한다. 생각해 보면 내가 누구에게 맞았다고 생각해 보자. 내가 아무리 힘이 없고 그 사람이 아무리 힘이 세더라도 '죽여 버린다' 그런 마음이 생긴다. 아무리 잘했고 아무리 잘못 해도 싸움은 절대로 하지 마라.

> 주: 병기 형님은 원래 상운 초등학교 다니다가 봉화(내성)로 5학년 때 이사 가서 공부를 잘해 6학년 때 전 학생회장이 돼, 아침 조회 때 운동장 교탁에 올라가 천 명이 넘는 학생들에게 "앞으로나란히 바로 열중쉬엇" 해서 학생들을 정렬해 놓고 교장 선생님의 훈사를 듣게 했다.

안동중학교 다닐 때 통신표를 보면 97 100 95 이렇게 성적을 잘 받고 공부를 잘했는데 먼저 안동에 가 있는

깡패 같은 형님에게 견디다 못해 봉화중학교로 전학왔다. 중학교 졸업하고 안동사범학교로 가려는 걸 아부지는 사촌 동생들이 나온 명문고등학교에 보낼려고 했는데 자기가 가겠다는데 어쩔 수 없었다. 그렇지만 사범학교에 가서 적응을 못 했다. 초등학교 교사 사표 내고 성균관대학 법대를 나오셨지만 뜻을 이루지 못했다.

추석 때 성묘하러 고향집에 모인 권속들.

서듭빠.

부모님

...

　세상에서 나를 제일 돌봐주시는 분은 부모님이다. 그래서 세상에서 제일 높고 고마운 분이 부모님이고 그중 어메가 제일일 것이다.
　그러나 자라고 보면 사리 분별력이 생겨 부모님 하시는 일에 옳고 그름을 알게 된다. 그럴 때 어떻게 해야 하나? 너무 급작스럽게 생각이나 일을 변동하지 말고 옳은 대로 해 나가야 할 것이다.
　할배, 할매, 큰아부지들, 고모님들, 사촌 형들, 사촌 형수들 그리고 외할배, 외할매, 외삼촌님들, 외숙모님들은 부모만치 진하진 못해도 똑같이 너희들을 염려하고 가르쳐준다. 모두 너희들을 사랑하고 보호해 주시는 분들이다.
　그곳의 다른 사람들, 다른 아이들, 그곳 브라질 풍속이 다르고 생각이 달라도 어른들 말을 따르고 나면 나중에 이런 것은 이렇고, 그런 것은 그렇고 생각 범위가 넓어지고 더 확실한 이치를 알게 될 것이다. 생각해 보면 우리집은 옛날에 너무 가난하여 미처 생각지 못한 것, 미처 갖추지 못한 것이 많다. 너희들이 또 너희들의 자손들이 더 배우고 더 생각하고 더 갖추어야 할 것이다. 그렇게도 어렵게 많은 고생을 하면서 살다가 돌아가신 조상들이었기에 더욱 그러한 것이다.

사람이 젊은 나이에는 무슨 일이나 급작스럽게 고치려 하고 불의를 보면 금방 뜯어고쳐야 하고 정의를 위해서는 불의를 때려 부숴야 한다고 생각하기 쉽다. 그렇게 때려 부순다고 바르게 되는 것도 아니며 여러 가지 생각이 합쳐져서 차츰 고쳐 나가지 않으면 안 된다. 1937년생인 내가 어릴 때는 일본이 한국을 1945년까지 통치하던 시대였다. 그때 일본이 미국과 전쟁하던 시기였다. 미국 군대가 쳐들어온다고 하고 전쟁에 이기려면 어떻게 해야 하고 야단들이었다. 나(병기)는 "장돌(못 박는 hammer)을 가지고 웃마을 산모퉁이에 가서 미국 군대를 때려죽이겠다"라고 생각했다. 내가 아는 것은 장돌이 최고 무기였고 웃마을 산모퉁이가 제일 먼 곳이었으니 그 모퉁이를 돌아 가면 미국 군대가 쳐들어오는 것을 볼 수 있고 때려죽여야 한다고 생각했다. 일본 학교서 세뇌 교육을 받아 그렇게 하면 꼭 될 줄로 알았다. 나중 다 커서 생각하니 터무니없는 생각이란 걸 알고 모든 일은 더 배우고 더 기다려야 한다.

이광수, 최남선은 3.1운동 때 독립선언서를 써서 미

국에 Thomas Jefferson 같은 사람이지만 나중에 친일(Pro-Japan)했다. 독립운동할 때 쓴 글을 읽어 보면 그럴듯하고 일본의 앞잡이 할 때 쓴 글을 읽어 봐도 그럴듯하다. 3.1 독립운동할 때 말이 옳은지, 일본 앞잡이 할 때 말이 옳은지? 같은 이치로 누가 뭐라 하던 그것을 듣고 올바른 판단을 한다는 것은 매우 어렵다. 그러기 위해선 공부를 많이 하고 지식을 넓히고 생각을 넓혀야 한다.

  사람이 늙어 생각이 없어지기 전에는 언제나 걱정과 염려가 있다. 무엇이 그렇게 고통스러웠던지 바울 사도도 "오호라. 나는 괴로운 사람이라 누가 사망에서 나를 구원할꼬"라고 하였듯이 사람이 짐승이 아닌 한 막막한 고통도 있는 것이다. 그래서 이 괴로운 인생길을 가자면 하나님께 "내 갈 길을 인도하여 주소서" 하기도 한다. 내 말에나 내 생각에 따르지 말고 예수 잘 믿어야 한다. 참으로 좋은 가르침이 많다.

옥매화.

패랭이는 어머님이 보내 주신 것.

주황색 나리는
반송 산에 자생하는 것.

브라질이란 나무. 옛날 붉은색 물감
귀할 때 이 나무에서 붉은색 물감을
얻어 유럽에서 브라질은 귀히 여김
을 받음.

서하 혜리의 가계도

...

손주들이 조상을 알고 싶어 해서 아빠 위에 할배, 할배 위에 증조할배, 증조할배 위에 고조할배 설명하면서 팔이 위로 위로 올라가고 있다.

1   2   3   4   5   6   7   8   9   10
현→신→인가→내순→경절→중대→천규→탁→원명→재→

 11   12   13   14   15   16   17   18 19   20
성유→숭여→길봉→실→원도→계문→암→세신→X→창규→

 21   22   23   24   25   26
순문→평홍→명성→윤창(반송 입향조 할배)→계혁→이정→

 27   28   29
동제→중영→제진(규진), 제탁, 제락(규화), 제필(규필), 대왕고모

 29   30
제락(규화)→복구, 창남(여), 영구

 31
병국, 병난(여), 병연(여), 병목, 병행(여), 병기, 병택, 병옥(여)

 31
병은(미국 입향조)

 32
서하, 혜리(여)

 33
하은(여), 성민

미국 버지니아에 입향해서 처음으로 구입해서 살던 집

할배,할매 밑에서 태어 나고 성장했던 집.

머리카락과 손발톱을 고국 선영에 묻어, 나도 고향에 돌아왔다.

병은의 큰할배(용동할배)의 손녀 우옥자 누님이 미국에 입향한 지 60여 년이 되고 또 손자 우병익 형님이 미국에 입향한 지 50년 가까이 됩니다.

반송의 이것저것

•••

지금은 기차의 기적소리가 반송에서도 잘 들리는지 모르겠다. 전에는 30리 떨어진 영주에서도 기적을 울리면 반송에서도 잘 들렸다. 6·25전쟁 때 미 공군 B-29 비행기가 날개 밑에 폭탄을 주렁주렁 매달고 반송 우리집 위로 북쪽으로 날아가 봉화에 있는 공산군을 격퇴하고 이어서 산비탈에 있는 우리집 동마루 끝에 앉아 반송 물이 내려가는 쪽을 보면 영주를 B-29가 직하하면서 폭격하고 다시 상승하는 걸 병택, 병은 동생과 함께 소리소리 지르면서 봤다. 공비 습격에 반송은 초토화되고 소개령이 내려 봉화 읍내에 사서 이사 갔던 집은 이때 폭격받아 불탔다. 1년 정도 살았던 집이라 사진도 없다.

산에 올라가 보면 동서남북 사방으로 100리(40km) 이상이면 큰 산이다. 해지는 석양 때 보면 경치가 좋다. 봉화재(토속 발음으로, 보호재)가 있어 울진 쪽에서 적병이 쳐들어오면 날씨 좋은 날에는 불을 피우고 좋지 않은 날씨엔 북을 쳐서 서울에 알렸다. 전화 전보가 없던 시절에 서울에 빠르게 소식을 전했던 최상의 통신 수단이었고 봉화재에 주둔했던 조선군이 가끔 나와 사냥하는 걸 보신 할배는 노루, 꿩을 활이 아닌 총으로 잘 잡아 놀라신 이야기를 살아 계실 때 자주 하셨다.

우리 앞산에서 100리 거리에 보이는 소백산 죽령.(우병흥 사진 제공)

인근 교회들이 1년에 한 번씩 문촌 봉화재와 반송 봉화재에 번갈아 가면서 야외예배를 드렸는데 누군가 발

빠른 사람이 묘를 세워 놓았다. 옛날에 그 자리에 군대 막사였던 집이 있었다는데 일본통치 시대 때 일본이 파괴했을 것이다. 언젠가 복원해야 할 문화유산이다. 현재 연병장으로 쓰였던 광장과 봉화제에 올라 가는 길옆에 우물이 남아 있다. 반송 사람들이 놋그릇에 광을 내려고 거기 가서 기왓장 파편을 주워 온다고 한다.

1968년 가을에 북한은 120명의 무장 공비를 울진 삼척에 침투시켜 평화로운 국토를 할퀼 때 관할구인 안동 군부대에서 멀어 반송 봉화재 가까운 곳에 군부대를 설치했다.

연다꼴 중턱에 올라가 몹시 가파른 오르막길을 오르기 전 왼편에 검은 바위 2개가 제비 2마리가 건너편 산 위를 보듯이 서 있어 제비 연자에 대를 붙여 연대(용동 할배가 이름 지으심)라 하는데 여기서 연다꼴이라 하는 이름이 부여된 것 같다. 연대 밑에 작은 바위로 된 굴에서 동생 병은이는 산토끼를 잡았다.

   주: 큰형님이 젊을 때 방치꼴서 목로로 노루를 잡으셨고
       병택형님도 방치꼴서 목로로 노루를 잡고 작은형님
       은 콩 속에다 사이나를 넣고 양초로 봉해 새 밭(산을

개간한 밭)에 두고 건너편 산에서 지켜보고 있다가 꿩을 잡았다. 추운 날에 지켜 보고 겨우 몇 마리 잡아 가치가 없다. 나(병은)는 돌로 된 예리한 화살촉을 주웠는데 방치꼴은 옛날에 사냥터였나 보다. 6·25전쟁 중에는 피란민들이 방치꼴 소나무를 베어 속껍질을 벗겨 먹고 목숨을 연장하는 생명의 보고였다.

자동차가 들어오기 전 안동서 봉화 가는 지름길인 구도로가 반송을 지나고 신작로도 반송으로 닦으려고 입안됐지만 "외지인이 마을을 지나면 마을이 망한다"라는 옛 미신을 믿는 마을 주민의 중지를 모아 큰할배(용동할배)가 반대 청원을 해서 하눌로 신작로가 나 있다. 그래서 미시개재 앞뒤로 경사가 높고 길도 꼬불꼬불해서 구루마도 다니기 쉽지 않다. 상운 쪽 뱀제 앞뒤로 경사가 더 심하고 더 꼬불거리는데도 옛날에 구루마에 짐을 싣고 뱀제 앞에 와서 짐을 일부 내려놓고 올라와서 짐을 내려놓고 빈 구루마로 내려가서 짐을 마저 싣고 올라와 위에 내려놓았던 짐을 싣고 갔다고 한다.

중간 반송에 옛날 신라 때부터 구도로가 지나가고, 일본통치기에 설치된 경비전화선이 지나가고, 탑인지 비석인지 세워져 있는 말 무덤이 있고 남상골에 옛날 조선 때 묏자리를 잘 봤다는 남사구 비석이 소나무 숲

속에 있다. 신라 때 비석도 글자를 알아보는 데 불과 몇백 년 전 비석에 글자가 거의 마모돼 알아볼 수 없다.

연자방아는 소가 돌려서 곡식을 찧는데 마을마다 마을 어귀에 있었다. 아랫마을과 윗마을엔 먼저 집이 없어지고 드디어 아랫돌과 윗돌이 노출돼 있다가 그것마저 없어지고 동마 연자방아는 1950년대 말까지 완전한 형태로 남아 내가 곡식을 찧는 것도 봤다.

옛날도 아니다 내가 20살 때 장가 가서 처가에 가면 처가 친척들이 새신랑을 거꾸로 시렁에 달아매 발바닥을 나무 막대기로 때리며 "각시를 왜 데려갔느냐? 어떻게 했느냐? 각시를 업어라. 각시에게 업혀라. 소 한 마리 잡아 와라. 등등" 새신랑에게 눈물이 나도록 요구를 하면 처가 장모님은 가슴 졸여 말리고, 떡과 고기를 내놓아 푸짐하게 먹고 놀면서 새신랑과 처가 친척이 아주 가까워지는 풍속이 있었다. 10(4km)리 떨어진 우리 외가 소야 동네에서 있었다는데 신랑을 달아매려고 마루 위에 끌고 오다가 나무 홈집에 등이 걸려 죽었다더라. 있어서 안 될 일이었다. 달아매는 것이 옛날에 더 심한 것 같다.

주: 우리도 갑자 신랑 박천우를 달아매고 많은 조건을 내 걸었는데 박천우가 머리가 너무 좋아 조건을 내놓는 것마다 미꾸라지처럼 빠져나가는 말만 해도 재미가 있었고 나도 서울에서 결혼했지만 처 고향인 청도 가서 처 고모님들과 처 고모부님, 사촌 동서 형님이 감주를 방바닥에 쏟아부어 놓고는 나를 눕혀 이리저리 밀어 닦아 걸레가 커서 잘 닦이더라, 했다. 입고 있는 옷은 갈아입을 게 없지만 재미있는 풍속이었다.

택호

...

　택호는 장가 간 엄마의 동네 이름을 따서 이름 대신 부르는 거다. 너희들 아빠는 서울에서 엄마를 만나 결혼했고 엄마 고향은 경북 청도인데 누가 택호를 지어 주지 않아 아직도 택호가 없다.

　우리 외가가 있는 동네는 다시 말해서 할배 장가 갔던 동네는 봉화군 상운면 운계리 소야라서 서하의 할배는 운동이라 불렸고, 증조할배의 처가는 봉화군 봉화읍 망다 혹은 망동이라하는데 도계라 불리었고, 고조할배의 처가는 봉화군 명호면 길마제라서 길마제라 불리었고 5대조 할배 처가는 안동시 도산면 송내라서 송내라고 불리었다.

　미국 사람이나 한국에 요새 사람들은 남자에게 Mr.를 앞에 붙여 이름을 부르고 여자애겐 Miss.를 처녀 이름 앞에 붙여 부르고 Mrs. 혹은 Ms.를 결혼한 여자들은 남편 성 앞에 붙여 부르지만 옛날 한국에선 이름을 부를 수 없어 택호를 불렀다.

 진외가, 증외가, 고외가, 선외가는 외국에서 자란 아이들 머리를 복잡케 할 것 같아 생략한다.

길지 웃마

...

　고려 때 흥했던 단양 우씨가 우씨 집안의 계집종의 아들인 정도전에게 권력 싸움에서 패하고 변변치 못하게 살아오다가 일제 강점기 때 작은할배는 면장으로서 엄청난 권력을 누리며 살았다. 지금이사 면장은 말단 공무원이지만 그 당시 면장만 해도 엄청 권세가였다. 그 정도로 별 볼 일 없는 반송, 그중에도 웃마라고 하는 웃반송에 박근혜 대통령 당시 청와대 정무 비서실장이었던 우병우가 태어난 동네였다. 우병우 아부지 우영구는 안동사범학교를 나와 상운 초등학교 교사였다. 우병우의 할배는 상운면사무소에 소사(심부름하는 아이)로 들어가 면장이신 작은 할배 눈에 띄어 면서기가 되셨다. 앞에 '편저자의 말'에 박 대통령 멱따러 왔다던 김신조 목사가 별세했다고 했는데 그가 박 대통령 멱따러 왔을 때 치안국에 정보과장으로 계시던 분은 나가고 새로 들어 온 구국찬 총경이 작은할배의 둘째 사위다. 최연소로 사법고시에 합격한 우병우가 검사로 있을 때 노무현 전 대통령의 뇌물수수 혐의로 수

사하는 중에 고향 김해 봉하 부엉이바위에서 뛰어내려 스스로 생을 마감했다. 노무현 대통령의 고향 봉하는 연일 신문에 나고 나도 워싱턴판 신문에 나는 칼럼에 봉화라는 글자가 있어 어떤 이들은 노무현 대통령과 한 고향이냐고 물어 오기도 하고 우병우 검사와 형제간이냐고 물어 오기도 했다.

웃반송이라고 불리기도 했던 웃마에 윤석열 대통령에 의해 경제기획원 장관 겸 부총리로 임명받은 최상목 씨는 비록 서울에서 태어났지만, 그의 아부지 최한철 씨는 웃마서 태어났다. 반송 역사인 이 책을 쓰신 병기 형님과 같이 상운 초등학교를 일시 같이 다녔다. 최상목 씨 할배이신 최영수 장로님은 웃마에 사시면서 우리 아버님과 안동 성경학교를 같이 다니셨고 금년 창립 100주년을 맞는 반송교회를 위해서 신앙생활을 많이 하셨다. 그래선지 면장 어른으로부터 사랑을 많이 받았다고 스스로 말씀하셨다. 해방되고는 좌익 우익 극한 대립 속에서 반공 청년운동을 앞장서서 하셨다. 웃마에서 덕골로 넘어 가는 주변에 밭도 있고 임야도 있어 잠사를 지어 늦봄과 가을에 누에를 많이 길러 고치를 파셨다. 일제 때부터 5.16 후까지 농촌에서 누에를 길러 고치를 팔면 소득이 높았다. 해주 최씨인 최상목 씨 선영이 지금도 거기에 있고 최상목 씨의 공직자 재산 등록에 봉화군 상운면 반송 임야라고 신고돼 있다. 최영수 장로님은 평소에 알뜰하고 이웃을 살뜰히 아꼈던 사람으로 전해 오고 있다. 내가 커서 그의 설교 말씀에 감화도 많이 받고 사회지식이 많아 많은 걸 배웠다. 그런 조부의 영향을 받아 최상목 씨는 청렴하다. 최상목 씨와 우병우는 서울 법대 1년 선후배 사이이기도 하다. 우병우 검사는 노무현 전 대통령을 수사했고, 최상목 경제 전문가는 미국 명문인 코넬대학에서 거시경제학으로 박사학위를 받고 돌아와 노무현 대통령부터 다섯 명의 대통령을 공무원으로서 보직했다.

- 위의 글은 편집, 편저자인 우병은 씀

오른쪽에서 세 번째가 경제기획원 장관 최상목 씨 할아버지 최영수 장로님, 오른쪽에서 여섯 번째가 입향조 할아버지에 대해서 이야기해 주시던 우병학 장로님.

사진 덕골로 넘어 가는 여기에 최상목 장관의 땅과 선영이 있다.

부록

편저자 우병은 작품

가을비

은둔산 단풍

기러기는 지금도 거기서 우는가

쉼 없는 고향 소리

불구자의 사랑

멧비둘기

소쩍새

번데기 추억

이승만 박사 헐뜯기

사랑하는 민하야

김 나라 대한민국

담장

부록

가을비

가을비 솔솔 내리니
여름 날씨 물러가고
잎에 묻은 물 떨어지니
아이 차가워
겨울이 저만치 왔다고
일러주네
뭇 생물들아
겨울 준비하거라

은둔산 단풍

태백산 깊은 골에
은둔한 작은 금강산
천년 세월 많은 문사들이
산과 물을 바라보며
많은 시구를 남긴
청량산에 불단풍 스며드니
산새들 강남 간다고
이별의 운율을 노래하고

검은 절벽에
붙은
빨간 단풍은

아래로 보고 매달렸고
절벽 아래 강물에 단풍 드리워
가을이면 작별할 단풍은
위로 보며 검은 절벽에
붙어 사뿐히 흔드니
물 위에 노는 물새들은

부록

애처로운 운율을
노래하네

기러기는 지금도 거기서 우는가

어버이 우리 구 남매 낳으시고
길러 주시던
옛집 마당 위로
동쪽에서 비치는 햇빛 받으며
서쪽으로 날아가는 기러기는
보라고 소리 내며 울고 갔나

저녁이면 달 아래
그림자를 내게 내리고
끼룩끼룩 소리 내며
삼각 편대로 동쪽으로
날아가던 기러기는
왜 울면서 날아갔는가

어버이 형님 누님 피붙이 떠나
인적없는 빈 둥지 위로
하늘 쳐다보는 이 없는
빈집 위로
지금도 그림자를 드리며

부록

날아가면서 우는가

새해 들어 눈 내린 이민 땅에
친구였던 옛 기러기가
마음속에 그려진다

쉼 없는 고향 소리

겨울엔 방앗간 주위에서
지저귀는 참새 소리
봄이면 솔숲에서 뻐꾸기의
피맺힌 소리
여름이면 나뭇가지에서
시끄러운 매미 소리
가을이면 어두운 구석에서
귀뚜라미의 애끓은 소리
어느 한 철이 조용한가

불구자의 사랑

불구자의 마음속에
사랑하고 싶은 맘이
왜 없겠나
나설
용기가 없고
자신이 없어
마음속으로만
병적인
사랑을 한다

멧비둘기

사시사철
들에 산에
외로운
멧비둘기
구슬피 울어
쇠락한 마을에
귀농하라고
부르는가
멀리 간
나를 부르는가

소쩍새

한국에서 사라진 지
75년 만에
처음 들어 본
뽈호반새

고향 마을에
조산나무에
여름밤마다
예쁜 소쩍새가
정겹게 우는데

버지니아 집에
호랑이 무늬를 한
무서운 새가
뒷마당 울타리에 앉아
무섭게 노려보네

번데기 추억

...

나에겐 번데기는 어렸을 때 어머님께서 여름에 그늘에서 뜨거운 물에 고치를 삶으시면서 명주실을 잦으실 때 이미 익혀져 나온 밤색 번데기를 마당에 나가 놀다가 어메에게 오면 한 개씩 두 개씩 주시면 받아 맛있게 먹었던 시골 간식이었다. 고것이 얼마나 고소하고 맛있었던지 70 몇 년이 지나도 잊히지 않는다. 나중에 배운 말에 잘난 척하는 사람에게 '번데기 앞에 주름잡는다'라고 맛도 좋은 번데기를 놓고 지고지순한 명언을 누가 창조했는지 아니라고는 못 하겠다.

야곱은 에서에게 쫓겨 멀리 가고 요셉은 열한 명의 형들에 의해서 에굽으로 팔려 가고 나도 누님 형들에 의해서 멀리멀리 가야 하는데 그 전에 여기저기를 옮겨 다니다가 우이동에 살 때 그날도 교회 마치고 한 살인 딸애기를 안고 네 살인 아들은 걷고 애 엄마는 옆에서 걸으며 북한산 도선사 쪽으로 걸어 올라가는데 길가에서 젊은이가 번데기를 파는데 어린이들에게 인기였다. 저러면 우리 어린 것에도 사줘야겠다는 생각이 들던데 아니나 다를까 어린 아들은 사달라고 한다. 지갑을 집에 두고 와서 돈은 없는데, 어쩌지하면서 번데기 장수에게 말이나 해 보자고 "저가 지갑을 안 가져와 돈은 없는데 얘가 번데기 먹고 싶답니다. 좀 주실 수 있습니까?" 하니까 돈 주고 사는 것보다 더 많이 풍성히 주어 우리 어린 것이 만족해했는데 그 번데기 장수 지금 어디에 계시는 가요? 그때 못 드린 번데깃값 풍족히 드리고 싶습니다. 그 착한 심성 하늘이 갚아 주셨음 바랍니다.

이승만 박사 헐뜯기

...

 건국 전쟁 이야기가 뜨니까 여기저기서 이승만 이야기가 나온다. 얼마 전 안창호 외손자라는 분이 이승만 박사에 대해서 이야기를 하는데 "이승만 박사는 독립군을 몹시 무시했고 여자와 놀아난 바람둥이였고 독립자금을 횡령해서 호의호식했다."라는 투로 글을 썼다. 한국이 암울한 시대에 조지 워싱턴 대학을 나와 학사학위를, 명문 하버드 대학에서 석사학위를 받으셨고 역시 명문인 프린스턴 대학에서 박사학위를 받으셨으니, 동시대에 미국 대통령은 물론 영국 왕과 일본 천황, 총리 중에 이승만 박사만큼 공부한 사람은 없는 줄 안다.
 이렇게 공부 많이 한 이 박사는 독립군보다 더 많은 일을 하느라 구미위원부를 미국 워싱턴에 두고 외교적으로 노력해서 아일랜드가 독립청원서를 미국 의회에 올릴 때 이승만 박사는 의원들을 설득하여 한국독립청원서를 미국 의회에 같이 올려 아일랜드는 통과돼 독립됐고 한국은 표가 모자라 의회를 통과 못 됐고 독립도 못 됐다. 만일 이 박사가 독립군으로 전선에 나가 싸우면 독립청원서가 미국 의회에 올라 가긴 했겠나? 이걸 보더라도 그가 워싱턴에 살면서 의원들을 설득하느라 얼마나 노력하셨나 짐작이 간다.

 60여 년 전 김영삼, 박순천, 김도연 및 독학으로 의사가 됐다는 김 사달 등 명사들 이야기책에 이범석 장군 이야기도 있던데 독립군 사진 보면 얼굴이 넓적하고 길고 턱이 나오고 흰 얼굴이 눈길을 끄는데 이범석 장군이다. 그 책에 이범석 장군은 경기중학교 다닐 때 3대 미남이었다고 한다. 그래서 독립군이 모여 찍은 사진에 그는 독특하게 보였다. 청산리 전투에 승리하고 미국에서 이승만 박사가 승리를 축하하는 편지를 보낸 지 6개월 만에 배달돼 감격했다는 이야기로 기억난다. 이걸 보면 이승만 박사가 승리에 이바지한 여러 독립군에게도 격려 편지를 보낸 것 같은데 내가 알기로는 이범석 장군이 유일하게 기록을 남겼다. 독립군을 무시했으면 편지를 보냈겠나?

 안창호 외손 글에 이승만 박사는 가는 곳마다 미국 검찰이 기록을 했는데 여자를 만난 것도 기록했다. 왜 미국 검찰이 이승만 개인 기록을 했는지 모르긴 하지만 망명객이니까 감시하느라 기록했는지 오사마 빈 라덴 급 현상금이 일본 정부로부터 걸려 있어 미국 정부로부터 보호받느라 검찰이 기록했는지 견문이 적은 나로서는 알 길이 없다. 샌프란시스코나 하와이에 가면 그 여자를 만난 기록도 있다고 했는데 같이 잤다거나 사랑을 했다는 기록은 없다. 업무로 만난 것으로 보인다.

독립전쟁을 하는 사람도 잘 먹어야 하지만 외교로 독립전쟁을 하는 사람도 먹어야 한다. 선교비를 보냈는데 선교사가 선교비를 갈취해서 먹고사는 데 썼다고 말하는 교회 어느 직분자처럼 생각이 모자라서는 안 된다. 선교사도 선교비를 받아먹고 살아야 선교를 할 수 있지 않은가?

구미위원부(외교부)에서 독립운동을 했던 장기영 씨 글에 이승만 박사는 음식은 가장 싼 중국 음식 완자를 먹으면서 외교관으로서 의복은 잘 차려입어야 한다고 했다. 이승만 박사가 한인 신문을 쓰고 찍고 차에 싣고 이승만 박사가 운전하고 장기영 씨가 내려 배달했다고 한다. 이런데도 헐뜯을 것인가?

부록

임시정부 외교부였던 구미위원부가 있었던 건물에
지금은 제7일 안식교회가 있다.

4700 16th Street NW Washington DC

사랑하는 민하야

...

  추운데 인하로부터 의하, 명숙, 민하와 선숙이 다 함께 잘 있느냐? 몸이 불편한 인하는 요즘 어떠냐?
  지금 반송교회 목사관 자리에 반처럼 생긴 반송이란 소나무가 있어서 마을 이름이 반송이라 한다는데 언제 반송 소나무가 없어졌는지 유래를 모른다만 반송교회 100주년을 맞아 기념식수 하라고 미화 $1,000 Cashier Check를 오늘 우체국에 가서 부쳤다.
  한국 돈으로 찾으면 추심료 떼고 140만 원 안팎으로 받을 거다. 영주나 봉화에 조경업자에게 가서 나뭇값이 얼마나 되는지 알아 보고 반송교회 목사님, 장로님과 집사님과 상의해서 목사관 뒤의 언덕배지나 교회 마당에 자리를 잡아 심으면 고맙겠다.
  반송에 사람들 다 떠나고 빈 마을이 되더라도 반송이란 이름이 남겨졌으니 반송이란 소나무가 있어야 하지 않나? 지금은 돈에 맞춰서 사니 나무가 어리겠지만 또 다시 100주년을 맞으면 나무가 커지니 땅을 넓게 잡으면 좋다. 어느 나무가 언제 죽을지 모르니 3개 정도 심으면 더욱 좋겠다.

수표(Cashier Check)는 발행일로부터 90일 내로 찾아야 한다.

사진 오른쪽에 밑에서 가지가 많이 올라와 반처럼 된 게 반송이고 가운데 소나무는 하나의 기둥이 올라와 위에서 가지가 벌어져 반처럼 된 것은 경주 부근 안강에 많다고 안강 소나무라 한다.

기념식수 잘 해주길 바라고 추운데 집안 모두와 반송 교회 형제·자매님들 하나님 은혜 가운데 잘 있길 바란다.

위성으로 본 반송. 가운데 분홍색 지붕이 반송교회. 반송교 회 옆 목사관 자리에 반송이란 소나무가 있었다 함.

김 나라 대한민국

...

초등학교 2학년 때인지 3학년 때인지 우리 반 학생들이 복도에 우르르 몰려 밖을 보는데 나도 밖을 보니 젊은 엄마가 팔뚝만 한 김밥을 만들어 와 아들에게 먹이고 있어 요새 흔한 김밥을 그때 처음 봤다.

박정희 대통령 때까지 6·25전쟁으로 파괴된 대한민국을 재건하느라 여념이 없는데도 서울 사람들은 김밥을 먹었겠지만, 시골 사람들은 가을 타작하고 벼를 저장하는 곳간이 초가삼간만 했던 우리도 식구가 많아 김 굽는 시간이 오래 걸리고 김밥 만다고 시간이 오래 걸려 김밥을 먹지 못했다. 할배 상에는 매일 김이 올라가고 아부지는 신장염을 앓으셔서 건강식으로 상에 올라갔지만 나는 몰래 고방에 들어가 생김을 꺼내 먹는 걸 알아차리신 부모님은 "생김 먹다가 목에 달라붙어 죽은 사람 있다"라고 주의를 주셨다.

박정희 대통령은 자기가 자란 가정이 너무 가난해 가난이 어머니라고 하시면서 농민에겐 뽕나무를 많이 심으시오, 누에를 많이 기르시오, 하고 어민들에겐 김을 많이 생산하세요. 독려를 하니 김 판로가 막힐 정도로 과잉 생산돼 어민은 물론이고 박 대통령을 비롯해 위정자들이 난처해졌다. 이때 구세주로 나선 이가 전국 식품점을 설탕으로 장악하고 있던 제일제당 이병철 씨. 팔리지 않아 적체된 김 전량을 사드려 어민들의 눈물을 거둬 드렸고 위정자들도 한숨 돌리게 됐고 전국 도소매업소에 설탕처럼 김을 보급해 전 국민을 상대로 소비했다. 그렇게 팔리지 않던 김이 지금은 식료 수출품으로 라면에 이어 선두를 달리고 있다.

  한국 외화 사정이 열악할 때 미국으로 이민 온 사람들은 모르지만, 브라질로 이민 간 사람들은 돈을 가져갈 순 없고 물건을 가져갈 수 있어 부피도 작고 비싼 김을 가져가 일본 사람들에게 팔아 이민 밑천을 만들었다고 한다.

  한국 사극 대장금이 인기였다는 이란에서 검은 종이로 알려진 김도 인기였다고 오래전 신문에서 봤다.

  COSTCO에서 맛보라고 손님들에게 하나씩 주는 김을 나도 하나 받아먹고 간에 기별도 없는데 미국 고객들은 맛이 좋았는지 신기했는지 반응이 좋았다.

  메릴랜드 가는 길에 한국 사람 비즈니스가 많은 Annandale 식당에 가서 점심을 먹으면 시간이 오래 걸려 김밥을 사서 차에 가면서 아내와 함께 먹으니 먹기도 좋고 맛도 좋고 배도 부르고 시간도 절약했다.

작년에 냉동 김밥이 불티나게 팔렸다고 신문과 TV에 나더니 250톤을 수입해 와 한 달 만에 다 팔았다고 하고 계속 수입해서 판다고 한다. 유럽으로 수출도 한다고 한다.
　한국에 무슨 음식이 세계화가 되겠나 했더니 김치에 이어 김밥도 있고 떡볶이도 있고 라면도 있다.
　자랑에 찬 김 나라 대한민국!!!

인디안의 겹담장

부록

담장

...

지난주 한국일보 고정 칼럼니스트 M 씨의 담장이란 시를 읽었다. 담장의 용도는 도둑을 막기 위함이다.

농촌에 살 때 담장이 없는 집이 지대가 높아 밑에서 바라볼 수 없는 집이거나 사정이 있어 담장을 못 한 한두 집이 있었다. 공이 많이 드는 흙담을 못 하면 소나무 가지를 세워 도둑도 막고 시야를 차단한다.

도둑이 없다는 제주도는 돌이 많아 경계선에 돌을 쌓아서 마당과 밭을 못 쓰게 하는 장애물을 치워 경계선도 표하고 많다는 바람도 막았으리라.

농촌 우리집은 산비탈에 있는 쪽밭을 정지해서 들어선 집이라 사실상 산비탈 집이라서 동네에서 바라볼 수 없지만 짚을 올린 흙담은 있었다. 앞쪽은 비바람에 사라졌고, 뒤안에는 곡식, 소금, 간장과 김장이 있어 뒷담을 잘 유지해 왔다. 그런데 담에 구멍이 뚫려 있어 뒷산에 올라가 보니 벼인지 쌀인지 한 가마가 있어 놓여 있어서 가져오고 다시 흙으로 구멍을 막은 자국을 봤다. 내가 태어나기 전에 그 일이 있었나 보다.

요즘에 윤석열 대통령에 의한 계엄령이란 말이 많은데 6·25사변 전 우리 고향 봉화에 살상과 파괴를 일삼는 좌익이 많아 부분 계엄령이 내려져 있었다고 다 커서 들었다. 밤마다 좌익이 와서 살상과 파괴를 일삼아 읍내에 집을 사서 이사를 했다.

지방 권력자가 살던 집이라 뒤에는 본채 앞에는 작지 않은 별채가 있어 4각형 돌아 흙담이 있었는데 거의 밤마다 구석에 늑대가 어디서 짐승을 잡아 와 먹고 남은 잔반을 아부지는 찾아내어 말씀하시면 우리 가족들은 우르르 몰려가 구경했다. 늑대는 짐승을 잡아 입에 물고 사람 키 높이 담장을 뛰어넘어 마당 구석에 와서 마음 편하게 식사하셨나 보다.

친구와 함께 테네시 및 켄터키에 갔다가 오는 길에 작은 인디언 마을에 갔다. 주변에 옥수수, 돼지감자, 호리병 비슷하게 생긴 호박과 맨드라미를 심어 농사를 짓고 나뭇가지를 세워 두 사람이 지날 수 있는 넓이로 겹 담장을 집 주위로 빙 둘러 세웠던데 짐승을 막기 위함이란다. 원래 인류의 담장 목적은 도둑 막기보다는 짐승 막기 위함이란 걸 아직도 원시적으로 사는 인디언 마을에서 알 수 있다.

부모님과 우리 9남매

우리 고향 이웃 마을인 문촌 출신 송문용씨내외와 함께. 버지니아에서 고향사람을 만나 "이게 정말인가!"싶을 정도로 반가웠다

2013년 9월 반송교회 마당에서 두분 다 이름이 우병순 장로님

1987년1월1일.강남구 삼성동 부모님 집에서

1987년 중앙청에서 딸과 함께

윷놀이 하는 손주

1976년 반송,멀리 보이는 집자리가 조산나무가 있었고 반송 소나무가 있었다는 자리

미국에 있는 우리 가족들

옛날 고향에서 달리던 기차와 같은 기차

워싱턴의 관문인 Dulles 공항을 이륙해 한국으로 가는 KAL기

반송 교회 예배마치고 점심시간

복사원 꽃이 폈을 때 태어나 복숭아 도자에 village의 vil해서 도불

청량산과 낙동강

참새들이 노는 것을 보고 있는 손주들.
나는 참새를 잡아 먹는 세대였다.